谁说男孩不好养

付小平 著

电子工业出版社
Publishing House of Electronics Industry
北京·BEIJING

未经许可，不得以任何方式复制或抄袭本书之部分或全部内容。
版权所有，侵权必究。

图书在版编目（CIP）数据

谁说男孩不好养 / 付小平著. —北京：电子工业出版社，2018.4

ISBN 978-7-121-33865-6

Ⅰ.①谁… Ⅱ.①付… Ⅲ.①男性－家庭教育 Ⅳ.① G78

中国版本图书馆CIP数据核字（2018）第050435号

策划编辑：任婷婷
责任编辑：任婷婷　　文字编辑：杜　皎
营销编辑：胡　晔
印　　刷：三河市鑫金马印装有限公司
装　　订：三河市鑫金马印装有限公司
出版发行：电子工业出版社
　　　　　北京市海淀区万寿路173信箱　邮编：100036
开　　本：720×1000　1/16　　印张：17.75　　字数：250千字
版　　次：2018年4月第1版
印　　次：2019年4月第2次印刷
定　　价：49.00元

凡所购买电子工业出版社图书有缺损问题，请向购买书店调换。若书店售缺，请与本社发行部联系，联系及邮购电话：（010）88254888，88258888。
质量投诉请发邮件至zlts@phei.com.cn，盗版侵权举报请发邮件至dbqq@phei.com.cn。
本书咨询联系方式：（010）88254308，influence@phei.com.cn，微信号：yingxianglibook。

自 序

养育男孩，您一定要知道的秘密

我是两个孩子的爸爸。大宝小名伊伊，是个女儿，已经11岁；二宝小名小雨，是个儿子，今年5岁。您可要记住他们的名字，在我的书中，他们常常会作为主角现身。

还记得六年前的时候，恰逢微博兴盛之际，我就尝试在新浪微博、博客等自媒体平台分享自己养育孩子的心得和关于教育话题的评论。起初的想法很简单，就是希望记录大宝伊伊的成长经历，系统梳理自己对于家庭教育和学校教育领域的一些认识和看法。

没想到，自己的文章很快就在微博和博客上得到大量转发和分享，并认识和结交了很多志同道合的教育同行和家长朋友。不到半年，就有不少出版社找上门来，希望把我发表的文字整理成书出版，让更多的孩子和家长受益。

从此，我就步入了写书、讲课的生活轨道，忙碌而又充实。过去的几年里，出版社帮我已经正式出版八本亲子家教作品。我的处女作《陪孩子一起上幼儿园》虽然已经出版五年，但一直很畅销，或许很多购买此书的朋友都曾读过我的这本书或者其他几本书。

五年前，我家又添了一个新成员，那就是二宝小雨。在他刚出生的时候，我自认为有了养育大宝伊伊的一些经验和教训，对付这个臭小子应该是不费吹灰之力的。可是，伴随儿子一路的成长，一个又一个意想不到的问题和困惑，屡屡让我被打脸，也让我一次又一次地体会到养育男孩和养育女孩确实是有很多差异的。

于是，在小雨一岁左右的时候，在夫人的鼓励下，我申请了一个专注于男孩成长的微信公众号——男孩部落，专门发布关于男孩养育的文章。这既可以促使自己研究如何养育儿子，又可以帮助到更多男孩和家长。

为此，在最近几年时间里，我几乎读遍了国内外所有关于男孩养育和成长的图书，获益匪浅。然而，这些书绝大部分是国外作者写的。不得不承认，西方国家在男孩养育的理论研究方面已经遥遥领先，我的写作也恰好可以站在这些巨人的肩上。

不过，由于东西方国家的文化基因终究差异很大，人们的思维方式也有很多不同，经济发展和生活背景都不尽相同，我在读这些国外作品的过程中，总感觉国外作者提出的很多具体建议，我们绝不能全盘照搬，甚至还有一些方法付诸实践时会水土不服。

因此，我才萌生了自己写作一本关于男孩养育图书的念头。在这本书中，我引用了大量国外作者的研究成果，详见附录中的参考书目。在此也向这些作者和出版社一并致谢。当然，本书的很多具体建议、方法和解决方案，跟我之前注重实用性的写作风格完全一样，大都是根据我自己养育孩子的亲身经历并总结而成。

在写作过程中，我始终不断提醒自己一件事，绝不能夸大男孩和女孩之间的性别差异，千万不要把男孩当作外星人看待，只需要实事求是地揭示男孩的成长特点和养育规律即可。不过，虽然男孩和女孩的差异并非大家想象的那么大，但源自生物学上的先天差异却是永远存在的，这也是需要我们顺应男孩的身心发展规律，选择适合男孩的教养方式的根本依据。

如今，"男孩比女孩更难养"，似乎已经成为大多数男孩家长的共识。从某种角度来看，这样的说法也是站得住脚的，比如，高活动力就是男孩的一个显著特征。单单这一点，就足够令很多家长头疼，因为不懂男孩这一特点的人动不动就会给他们贴上"多动症"的标签。而社会上时不时出现的所谓"熊孩子"，绝大多数非男孩莫属。所以，男孩的父母往往更焦虑、更无助，当然也就需要得到更多的帮助。

作为男孩父母，我们经常会遇到这样的困惑：为什么孩子有时候乖得让人意外，有时候却调皮得让人火冒三丈。如果不了解男孩的发展特点和成长规律，我们往往看到的就是男孩成长之路上的诸多"问题"。而当我们纠结于这些"问题"时，自然就容易把男孩的养育当作负担甚至是累赘，当然也不可能享受陪伴和养育的乐趣。只有了解男孩的心，我们才能给孩子更有智慧的爱，才能在育儿之路上走得更加从容。

其实，男孩成长过程中遇到的每一个问题都是一次成长的机会，对幼儿阶段的孩子来说尤其如此。如果每一位父母都能做到用心了解和观察自己的孩子，用心陪伴孩子成长，那些在养育之路上所遭遇过的挫败感，完全可以转化为一种成就感；那些曾令我们束手无策的"捣蛋鬼"，可能一夜之间就会变成人见人爱的"天使"。

相信很多男孩父母，在养育的过程中，经常会遇到抓狂、搞不定的时候。最近几年，曾经向我咨询和求助过的家长数以千计。而在这些咨询问题和案例中，男孩的问题往往出现频率更高。

那些令男孩父母头痛和焦虑的问题，大致可以归为以下四个方面：

第一，因为我们不了解男孩相比女孩的一些显著的性别差异，男孩的一些正常行为却成了父母眼中的严重问题。比如，因男孩天性好动而导致课堂上坐不住，因男孩攻击性强而导致喜欢动手打人，因男孩竞争意识强而导致争强好胜，因男孩不善表达情绪而导致易怒、发脾气等问题。

第二，因为男孩不同于女孩的身心发展规律和特点，导致男孩在自控力、生活习惯、语言发展和阅读等方面的表现不如女孩。比如，男孩的个人英雄主义，使得他们喜欢单打独斗，不愿团队合作；内心不想做个"听话"的孩子，使得他们喜欢随心所欲，不愿顺从别人，更不愿遵守规则；语言发展比女孩晚、语言能力不及女孩，使得他们常常"金口难开"，甚至出现语迟现象。

第三，由于妈妈是育儿主力军，不了解男性自身的一些关键特点，从而忽视了对男孩的男性特质培养，比如敢于担当的责任心、坚持不懈的意志力、脚踏实地的执行力等。

第四，因为父母的教养方式不当或不对男孩的路，从而在养育男孩之路上屡受打击。比如，受"黄荆棍下出好汉"的传统观念影响，认为男孩不打不成器，殊不知，越打却越难管；妈妈喜欢成天对着儿子唠叨、居高临下地批评指责儿子，却不愿意坐下来多倾听儿子的心声，蹲下来跟儿子做朋友。

如何才能帮助男孩父母把每个问题，都转变成一次孩子成长和父母自我成长的机会呢？这是我在写作这本书的过程中思考最多的一个问题。对于每个养育难题，我都会采用问题导向、理论联系实际、实战为主的写作方法。

这本书分为四个板块，每个板块又细化为数量不等的专题。对于每个养育难题，我都会先从典型问题入手，并结合儿童教育和心理学的相关理论和最新研究成果，深入分析每个问题背后的真正原因，最后再给出一些原则性的建议和操作性较强的具体解决方案，包括亲子活动、亲子游戏、亲子阅读书目推荐等。

比如，在讲到"男孩也有哭的权利"这个专题时，我会先从男孩和女孩的大脑结构入手，对比男孩和女孩在情绪发展方面的差异，让大家深入理解男孩为什么容易愤怒、乱发脾气，并告诉男孩父母不要用"男儿有泪不轻弹"的传统观念压抑孩子的情绪，要允许男孩哭，哭也是一种情绪表达。更重要的是，我会给大家分享一个"情绪控制六步法"，让大家学会如何引导孩子控制自己的情绪，最终提升孩子的情绪控制能力。

总之，在这本书里，我将为您揭开男孩养育的秘密，为您提供专业、实用的男孩养育知识和方法。

希望看完这本书的男孩父母们，最终能够深入理解男孩的身心发展规律和特点，并因循男孩的成长规律进行教育和引导，减轻大家养育男孩的焦虑，帮助每个男孩健康快乐地成长为一个顶天立地的大男人。

在育儿之路上，您不是一个人在"战斗"。我会用自己十多年的潜心研究、十来年的育儿经验、五年多的男孩养育经历，陪伴您的养育男孩之路，助力您的孩子快乐成长。

目 录 CONTENTS

PART I 请把我当男孩养！ 1

男孩就是男孩，与女孩有着天然的不同。他们坐不住，冲动好斗，事事喜欢争第一；但他们也拥有很强的好奇心，喜欢天马行空，无拘无束……这就需要我们顺应男孩的身心发展规律，真正认识他们作为男孩的一面，选择适合男孩的教养方式。

坐不住，不是我的错！　　　　　　　　　　　　　3
当我怒不可遏时，别动不动就拦我！　　　　　　9
我也有哭的权利！　　　　　　　　　　　　　　16
我就喜欢争强好胜！　　　　　　　　　　　　　24
请鼓励我胆大！　　　　　　　　　　　　　　　30
我是天生的"科学家"！　　　　　　　　　　　　37
我需要通过身体进行学习！　　　　　　　　　　44
请呵护我的天马行空！　　　　　　　　　　　　52
我有很强的空间感！　　　　　　　　　　　　　60

PART II 我比女孩更难养！ 67

"男孩比女孩更难养"，已经成为大多数人的共识。作为男孩父母，我们经常会遇到这样的困惑：他们不听话，性子急，自控力差，爱磨蹭，爱偷懒，爱玩电子产品，不喜欢阅读……这些都是他们的天性使然。其实，男孩成长过程中的每个问题就是一次机会，只要父母用心了解和观察自己的儿子，用心陪伴孩子的成长，男孩真的不难养！

我是妈妈的"小情人"！　　　　　　　　　　　69
喜欢一个人"战斗"！　　　　　　　　　　　　78

不想做个"听话"的乖孩子！	86
总是等不及！	94
真的不喜欢规则！	102
就爱磨蹭，催我也没用！	109
一次只做一件事，"非诚勿扰"！	116
喜欢偷懒，请你"认真"对待！	125
自己的事情自己做，我真的能做到？	132
电子产品，可是我的最爱！	140
我"金口难开"，请你耐心点！	147
不爱阅读，逼也没用！	153

PART III　我要顶天立地！ 161

一个小男孩，如何才能成长为真正的男子汉？以下这些男性的关键特质就不可或缺：有担当、高自尊、换位思考、有韧劲、敢创新、有远见、脚踏实地。父母需要做的就是尽力呵护他们的男性本色，培养他们的男性特质，帮助儿子健康快乐地成长为一个顶天立地的大男人。

有担当，才是真男人！	163
高自尊，才能成大事！	169
换位思考，才能感同身受！	176
韧劲十足，才能坚持不懈！	182
敢于创新，才能"脑洞"大开！	189
有远见，才能洞若观火！	196
脚踏实地，才能顶天立地！	203

| PART IV | 我的爸妈不好当！ | 211 |

柏拉图曾说："在所有的动物中，男孩是最难以管束的。"由于深受传统养育观念的影响，很多男孩父母的养育方式容易走向极端，采用简单粗暴的棍棒式教育。男孩父母确实不那么好当，在养育儿子的过程中，管教之中需要有智慧的爱相伴，规则之中需要有适度的自由并行。

你越"虎妈狼爸"，我越"熊孩子"！ 213
黄荆棍下出好汉？你太天真了！ 220
你要多倾听，千万别唠叨！ 227
你不愿放手，我怎能长大？ 233
你就是"灯塔"，引领我前行！ 240
我要学做好男人，爸爸千万别缺席！ 248

附录	写给男孩的两首诗	256
20部适合男孩看的冒险动画电影	261
参考书目	269

PART I

请把我当男孩养！

男孩就是男孩，与女孩有着天然的不同。他们坐不住，冲动好斗，事事喜欢争第一；但他们也拥有很强的好奇心，喜欢天马行空，无拘无束……这就需要我们顺应男孩的身心发展规律，真正认识他们作为男孩的一面，选择适合男孩的教养方式。

教养贴士：男孩之所以容易出现类似坐不住或其他方面的多动行为，一方面源于他们的自我控制能力欠缺，另一方面也受到性别差异的很大影响，因为他们天生就好动。男孩有别于女孩，其中最重要的一个表现就是男孩的高活动力。

坐不住，不是我的错！

我家儿子刚上小学，老师经常反映他在课堂上总是坐不住，喜欢动来动去，搞得周围的同学也不能专心听课。他以前上幼儿园也是这样。老师怀疑他有多动症，让我带孩子去医院做个诊断，最好通过药物治疗减轻孩子的多动行为。我很郁闷，也在犹豫要不要去医院检查。我该怎么办才好呢？

每到开学季，我总会收到很多类似的问题，而主角大都是刚从幼儿园步入小学的男生，当然也有一些刚入园或已经上幼儿园的男孩。而在数百位曾经向我咨询过类似情况的家长中，几乎很少有女孩的父母。

写到这里，我自己作为一个曾经"坐不住"的男孩，真心要为全天下的男孩们说句公道话，坐不住，真的不是我们的错。

男孩之所以容易出现类似坐不住或其他方面的多动行为，一方面源于他们的自我控制能力欠缺，另一方面也受到性别差异的很大影响，因为他们天生就好动。男孩和女孩，除了生物遗传方面的性别差异，还有很多其他方面的差异。不过在我看来，男孩有别于女孩，其中最重要的一个表现就是男孩的高活动力。

这种差异甚至在出生之前就已经出现，当胎儿还在子宫里面的时候，男孩的身体活动就比女孩多。对于既生育过男孩又生育过女孩的妈妈来说，当她们经历过两次十月怀胎的心路历程之后，应该最有体会。因此，生男孩的妈妈从怀孕阶段开始就会比生女孩的妈妈经受更多的"折磨"。

出生后，这种性别差异在婴儿期就更加明显了，并随着孩子的逐渐成长而日益明显。从统计学的角度来说，刚出生时，男孩一般都要比女孩长得更高和更重。与女孩相比，男孩的脂肪少一些，肌肉多一些，心脏和肺也更大，这种差异会持续一生。因此，还在趴着的阶段，男孩抬头时就比女孩显得更有力气；当掌握抓握、踢腿等运动技能时，男孩的力气就比女孩显得更大。

我家二宝小雨是个男孩，在他不到一岁的时候，我就深刻感受到男孩、女孩之间的差异较大，甚至比我想象中的要大很多。举个简单的例子，我家大宝和二宝从小到大，只要我在家，尿布基本上都是我来负责换。当二宝八九个月大时，我给他换尿布的时候，就明显感觉很困难，经常需要别人帮忙才能搞定。因为这个阶段他已经开始展现男孩本色了，无论何时何地，他总喜欢手舞足蹈，换尿布时同样如此，他的手和脚总是动来动去，所以就很难换，很多时候就需要其他人帮忙按住他的手脚。而这情景，从未在我给大宝换尿布的时候遇到过。

当然，随着年龄的不断增加，男孩的高活动力会更加明显。在整个儿童期，大部分男孩都比女孩好动，都保持更高频率的活动，特别是在与同伴交往的过程中。这也是男孩比女孩更具有攻击性、男孩更喜欢暴力游戏的一个重要原因。跟女孩相比，一群男孩在一起的时候会有更多的争执和打闹。当男孩生气的时候，他们不仅会大发雷霆，甚至还会大打出手。他们这样做只是因为他们无法控制自己的冲动，大多数时候都是为了通过这样的行为来释放自身的高活动力。其实，很多情况下大人眼中的攻击行为就是一个男孩正常的、活跃的、展示力量的、冲动的、独立自主的游戏或活动。

如果说在幼儿园阶段，由于不涉及学习上的太大压力，只要孩子的行为并不过分，大部分老师都能宽容男孩们的"坐不住"行为。一旦进入小学，老师对课堂秩序和纪律的要求就会比较严格，为了确保课堂教学的正常开展，往往就无法容忍孩子们在课堂上东倒西歪、左顾右盼。我家大宝伊伊刚上小学的那段时间，回家经常跟我们提到的一个话题就是，老师今天又表扬了班上的所有女生，批评了大多数男生，因为他们总是不像女生那样认真听课。

如何应对孩子的好动，对于家有男孩的父母来说，这确实是一个很大的挑战。如果我们对男孩的身心发展特征有更多了解，就能更加从容地面对这些挑战；如果我们根据男孩的性别差异因势利导，就能不断增强他们的自控力。

读到这里，大家可能会问：你说的这些特点确实比较符合我家儿子的情况，那么我们究竟应该怎么去做，才能帮助儿子释放他的高活动力，让他在课堂上能够坐得住呢？

鼓励户外活动，唤醒男孩的野性

作为高等动物的人类，虽然是被数千年来积累的社会文明所驯化的社会人，但同时仍然保留了部分动物的野性。对于幼儿阶段的男孩来说，这种野性尤为明显。男孩天生就是行动派，从小就喜欢用身体"思考"。如果到了一个开放的空间,他就喜欢奔跑、攀爬,以此来体验自己的力量和"野性",同时锻炼自己的平衡性。

不过,大部分学龄前的孩子都还没有达到可以参加有组织的运动项目的阶段,跟小伙伴们一起在户外活动,对他们来说就已经足够了。因为这个阶段的孩子大都还无法专注地进行运动训练,也不能很好地接受挫折和失败,这些恰恰是正规运动训练的重要前提。

这个阶段,经常带孩子到户外活动,鼓励孩子与同龄小伙伴一起"疯玩",同样可以让孩子回归野性、展示力量、释放高活动力。这一点对于男孩的成长来说,更为重要。

除了鼓励孩子跟小朋友一起活动外,父母也要经常陪孩子参加户外活动,比如:经常陪孩子一起散步或跑步,一次达到半小时至一小时;周末和节假日,经常陪孩子到周边的公园、植物园、动物园去玩;每年安排几次到周边旅游景点或国内外著名景区旅行,以自然景区为主;根据季节的不同,带孩子采采花、捉捉虫、种种树。除此以外,当然还有很多其他活动,我们可以根据自己孩子的情况进行选择。

鼓励体育运动,释放孩子的活力

脑科学已有研究表明,大脑很多部位的发育都跟身体很多部位的运动相关,这里所说的运动含义很广,既包括手脚等肢体运动,也包括嘴和面部等肌肉运动。心理学也有研究指出,运动不但有利于生理的发育,还有利于智力的发育。

对于学龄期的男孩来说,经常参加体育运动还有一个更重要的目的,那就是通过高强度的运动来充分释放自身的高活动力。如果男孩的精力和活力没有通过其他途径得到消耗,那么就很有可能在正式的课堂上通过故意调皮捣蛋或者其他方式来得到释放。因此，我们也就不难理解为什么很多男孩上课时总是坐不住，跟同伴玩耍时老是动手动脚。

然而，在现实生活中，我们却经常看到这样的报道，很多学校害怕学生在学校出事，体育课纷纷取消长跑项目或者危险项目。更有甚者，还不允许学生课间休息时到外面嬉笑打闹，只能上完厕所就直接回教室。当然，除了学校因担心安全问题纷纷取消部分体育项目之外，还有一个重要原因是，体育课不是最主要的应试科目，能少上则少上，以免占用孩子过多课余时间。

除了学校以外，部分家长对体育课的认识误区、对体育运动的极不重视，也在一定程度上阻碍了孩子身体素质的提升，更阻碍了男孩高活动力的释放。

作为家长，虽然无力改变学校这种过度保护孩子的做法，但我们却可以改变自己的观念，多鼓励自己家的孩子，尤其是男孩，经常参加一些强度比较高、活动量比较大的体育运动，比如各种球类运动、游泳、跑步、跳高、跳远等。

当然，鼓励孩子参加体育运动和锻炼，并不一定非得到正规的运动场馆才能进行，更多的运动其实完全可以融入日常生活之中，比如滑滑梯、轮滑、跳绳、跑步、骑自行车、爬山等。

此外，运动也是男孩的生活课堂，男孩通常会在运动中形成自己的生活态度和价值观。比如，当男孩们刚刚握住球拍或者拿着球的时候，他们就已经在开始学习许多重要的人生道理了：如果输了，不要哭泣，也不要伤害别人，更不能把球一扔了之，而是要为对方鼓掌；如果赢了，不要骄傲，也不要得意忘形，而是需要再接再厉；大家是一个团队，互相合作才能共赢，每个团队成员都很重要，都有自己的特点和长处。

要做到鼓励孩子的户外活动和体育运动，我们的教养观念也需要转变。中国的家长特别重视小孩子的穿衣问题，宁愿让孩子发烧，也不愿孩子挨冻。特别是冬天，我们总喜欢把孩子裹得严严实实，也不让孩子到户外活动。岂不知，这样做，大多数时候反倒容易引起小孩生病。日本的小孩，大冬天穿短裙在户外行走的比比皆是，正因为没有得到过度保护，他们的身体反而比我们的小孩强健。

当孩子们开始学习走路，我们就总是担心他们摔倒，担心他们的人身安全，担心给我们造成不必要的麻烦，于是我们就给孩子设定了很多的限制。无形中，我们这些大人嘴里的"不要、不能、别"，仿佛给孩子戴了一个非常安全的玻璃罩。孩子只能在这个范围内活动，只能接触你想让他接触的东西。但孩子的天性和成长规律就是要跑跑跳跳，就是要接触自然，就是要从摔跤中学会怎么保护自己，学会什么姿势跑跳最安全，学会如何跑得更快；同时也在跑跳中锻炼自己的身体，增强自己的体质。

健康的身体，绝不是保护出来的。如果我们对孩子过度呵护，他们就会失去很多运动和成长的机会。如果我们不让孩子上蹿下跳，那么，他们就无法学会保护自己的身体不受伤；如果我们不让孩子经历风雨，那么，他们就无法经受疾风骤雨的洗礼；如果我们不让孩子度过寒冬，那么，他们就无法感知冰天雪地的滋味。

读完刚才讲的这两个大招，你一定会怀疑：真的管用吗？如果你家儿子在幼儿园或小学的课堂上经常出现坐不住的现象，我强烈建议你即刻开始关注孩子的高活动力这个特点，并选择一个或几个我提供的解决方法去尝试。坚持一段时间，你就会看到孩子的改变。

最开始提到的那位咨询过我的家长，在听完我的建议后，立即就让儿子开始执行每天户外活动至少一小时的计划，比如骑自行车、跑步或跟小朋友疯玩等。一周左右，学校老师就跟家长反馈，说她儿子最近上课的表现大为改观，不再像以前那样坐不住了。因此，这位妈妈也就打消了带孩子去医院诊断的念头。

教养贴士：在养育男孩的过程中，如果不让孩子打打架、发发飙，如果男孩从小到大都没有体验过"疼痛的程度"或"打架的力度"，那长大以后，当真跟别人打起架来，力度就不容易把握好，很可能就会产生严重的后果。

当我怒不可遏时，别动不动就拦我！

当你家儿子正和另一个小男孩在一起玩得很投入时，不经意间，你突然发现他俩已经开打起来了。仔细一看，你儿子手里居然高举着一个塑料玩具，似乎就要劈头盖脸地砸向对方……

此时此刻，你会怎么做呢？你会很生气地跑到孩子前面，大声呵斥："住手，你要干什么？"或者，你会缓慢地走到孩子身边，轻轻地按住他的小手，温柔地对他说："你怎么能拿玩具打人呢？如果用这个东西打了小朋友，小朋友就会受伤的，你想过没有？你再好好想想吧。"

很遗憾，上面两种做法都不是最正确的。更好的做法就是什么也不说，静观其变！

最后的结果很可能正如你所预料的那样，你的儿子用塑料玩具打了对方，那个小男孩感到被打痛，放声大哭起来。可这时，过去劝架还不是最好的时机，还请你继续静观其变。

突然之间，那个大哭的小男孩，使出全身力气，把你家儿子推倒在地，还狠狠地对你家儿子拳打脚踢。此时，你家儿子就会一边大哭，一边站起来，冲向那个小朋友，两个人边哭边打，扭作一团……

这时，才是父母应该出场的时候了。因为两个孩子已经收不住手了，再不制止就可能使事态进一步升级，甚至导致比较严重的伤害。当然，如果孩子此前就已经出现了比较危险的动作或使用易造成伤害的工具时，父母就不能静观其变了。如果觉得自家孩子可能会使对方受伤，就要立刻冲上去制止孩子的行为了。

在养育男孩的过程中，如果不让孩子打打架、发发飙，往往可能会产生无法预料的结果。如果他们从小到大都没有体验过"疼痛的程度"或"打架的力度"，那长大以后，当真跟别人打起架来，力度就不容易把握好，很可能就会产生严重的后果。

大家会疑惑：为什么这样呢？因为普天下的男孩有个特点，就是只要不是自己经历过的，靠身体记住的，就不能理解那种行为会带来什么严重的后果。那两个孩子打架的事情，如果主角换作两个女孩的话，她们就会事先想象一下如果用东西打人，可能会发生什么事，一旦明白会带来严重后果，她们自然也就不会付诸行动了。

为了让孩子积累更多的通过身体进行学习的经验，请把因为危险所以不能做的事情尽量降到最低限度。可以说，有了类似于前面讲的那些切身经历，小男孩们才能一步一步地成长为具有丰富灵活性，同时回避危险，能力又很强的男人。

当然，我并非怂恿男孩父母从此就纵容孩子的各种暴力行为。想强调的一点是，我们可以允许孩子跟别人打架，但不要鼓励甚至放纵孩子的这种行为。

如果用心理学上的术语来说，这种打人的行为就是一种攻击行为。心理学界把人类的攻击行为分为两类：敌意性攻击和工具性攻击。如果攻击者的主要目的是伤害或损害受害者，无论是身体的、心灵的伤害，还是毁坏其成果或财物，他们的行为就是敌意性攻击。相反，工具性攻击指的是，一方只把伤害另一方作为一种获得非攻击性结果的手段，比如在抢同伴的玩具时把他撞倒在地。

不过，有些情况下的攻击行为，并不是那么轻易就能区分为这两大类的。比如，一个小男孩先是把另外一个小男孩推倒在地，然后又抢走了他的滑板车。这样的攻击行为其实是兼具敌意性和工具性的攻击行为。

儿童攻击行为的早期表现

精神分析大师弗洛伊德和著名生态学家洛伦兹都认为攻击性是人类的一种本能。弗洛伊德把它描述为死的本能，认为攻击性近似"水压"，当敌意的、攻击性的能量增长到某一关键水平后，会通过某种形式的暴力和毁坏性行为倾泻出来。而洛伦兹也把攻击性描述为一种搏斗本能，是由环境中的某些因素诱发的。

孩子的攻击行为在早期大致会经历以下几个阶段：

1. 婴儿阶段，并非攻击行为

虽然很小的婴儿也会生气，甚至还会打人、咬人、踢人、掐人，但是我们不能把这种行为当作攻击行为。皮亚杰就描述过他儿子的一件事。一次，他把手挡在7个月大的儿子劳伦特面前，不让他去碰有趣的玩具，劳伦特直接就拍打皮亚杰的手，试图把这个障碍移除。

2. 1岁开始，出现工具性攻击

心理学家凯普兰和她的同事发现，1岁的儿童在玩耍时就会因一方控制了另一方想要的玩具而变得非常强硬。一旦一个孩子占有了一个玩具，似乎这个玩具在别的孩子眼里变得更宝贵了，即使还有一模一样的玩具，孩子也会忽视这些玩具，起身去抢其他孩子正在玩的玩具。这一发现显示，工具性攻击的种子在孩子1岁左右就已经埋下了。

3. 2岁左右，开始学会协商

2岁左右的儿童比1岁儿童更可能通过协商，而非互相打斗来解决争执，特别是玩具紧缺时。如果成人适当进行引导，鼓励孩子友好相处，那么这个阶段的孩子的攻击行为就会减少。

4. 心理学家揭示的2～5岁孩子的特征

一般性的脾气暴躁在学前期减弱，4岁后就不再普遍。

攻击行为的发生率在2～3岁达到高峰，学前期逐渐下降。

攻击性随着年龄增长发生变化的方式至少有两种：2～3岁的孩子可能打、咬、踢对方，大一点的幼儿园及小学低年级的孩子表现出的身体攻击逐渐减少，取而代之的是嘲弄、奚落、造谣、贬低等攻击行为。

在整个儿童中期，身体攻击和其他形式的攻击行为继续减少，儿童逐渐能熟练地友好相处、友善地解决冲突。虽然工具性攻击减少了，但敌意性攻击会随年龄增长而增加，尤其是在天生好战的男孩之间。

如何控制孩子的攻击行为

虽然攻击行为是人类的天性，但通过家庭环境、教养方式、学校教育的互相配合，也能适当控制孩子的攻击行为。能否控制自己的冲动和攻击行为，很大程度上取决于孩子是否具有自我控制的能力。

作为家长，我们究竟如何控制孩子的攻击行为呢？

1. 及时制止，做到"零容忍"

很多大一点的孩子之所以容易出现攻击行为，除了天性和气质等生理因素以外，还有一个重要原因就是家长对待攻击行为的态度。如果家长从小对待孩子打人、咬人、踢人等行为，总是纵容，甚至是鼓励，那孩子就很可能把攻击作为表达自己的情绪、获得更多的关注、争取更多的资源等方面的"常规武器"。

当孩子出现攻击行为时，尤其是可能伤害到别人时，我们都需要及时制止孩子的这种行为，并在态度上尽量做到"零容忍"。但是，在不同的发展阶段，我们采取制止的方式和态度需要有所不同：

1岁前，温柔地推开。当1岁以内的婴儿出现打人、抓人、咬人、踢人等情况时，我们只需要把孩子的手脚或嘴巴温柔地推开。这个阶段，禁止的语言没有任何效果，通过制止的动作才能让孩子学会自动停止或放弃。

1岁到3岁，坚定地制止。1岁后的孩子已经可以初步听懂大人对他说的一些话，但还不能做到完全理解。这个阶段，我们需要采取语言（对孩子说"不"）和行动（适当地限制）相结合的方式，坚定地禁止孩子的攻击行为，特别是敌意性攻击行为。家长在态度上越是坚决，孩子越容易住手。

3岁后，耐心地引导。3岁以后的孩子，身体攻击逐渐减少，语言攻击逐渐增多，同时他们的理解能力也在不断提高。这个阶段，当孩子发生攻击行为时，除了及时制止和适当惩罚，我们还需要耐心地引导孩子认识到这种行为的错误以及可能导致的后果，避免今后再出现类似的举动。

当然，在3岁前，如果父母从来就没有坚定地制止过孩子的攻击行为，或者3岁后的攻击行为造成了严重的后果，那么就需要把坚决制止和耐心引导相结合，才能真正制服那些肆意妄为的"小霸王"。

2. 适当惩罚，让孩子体验后果

如果孩子的攻击行为带来的影响或者后果比较严重，那么就需要采取适当的惩罚措施，比如当场向对方道歉、暂时剥夺某项权利等，既让孩子认识到错误，又让他体验犯错的后果。

3．避免"家暴"，营造良好的家庭氛围

很多发展心理学家都认为，家庭的情绪氛围能够影响孩子的适应。相反，经常处于父母冲突中的孩子更容易出现攻击行为。越来越多的研究显示，当父母打架时，孩子往往感到极度悲伤，家庭内部持续的冲突可能使孩子与兄弟姐妹、同伴形成敌意、攻击的互动模式。那些经常目睹父母之间争斗的孩子，更有可能变成主动型攻击者；而那些自己也是家庭斗争受害者的孩子，会变得对人不信任，容易变成反应型攻击者。

因此，父母之间需要避免暴力行为，尽可能减少冲突，营造一个温馨、幸福的家庭氛围。如果大人之间已经发生了冲突甚至攻击，在冲突后不要互相回避，而是应该冷静之后互相反省和赔礼道歉。这也是一个可以让孩子体验大人如何心平气和地解决冲突的机会。

还需要注意的是，当孩子出现攻击行为时，部分家长首先想到的惩罚措施就是对他进行一顿毒打或者一通臭骂。国外很多心理学研究结果都表明，父母的暴力惩罚不仅无助于控制孩子的攻击行为，反倒还可能会增加孩子的攻击行为和其他反社会行为。所以，我们尽可能不要采用以暴制暴的方式来控制孩子的攻击行为。

4．远离暴力，营造非攻击的成长环境

如今孩子们最喜欢看的动画片鱼龙混杂，有些动画片里面脏话连篇，甚至还有很多打斗等暴力行为，而这些恰好又是很多小朋友的最爱，尤其是小男孩。那么，是否就意味着我们要让男孩们与这些动画片彻底隔绝呢？

对于孩子是否看动画片、究竟看什么样的动画片，我认为宜疏不宜堵。对于现在的孩子来说，是很容易接触到动画片、电子游戏等东西的。这也就意味着，即使家长采取堵的方式来处理，也将无济于事。

当然，减少儿童攻击性的另外一个有效方法，就是为孩子营造一个非攻击性的成长环境，让孩子远离宣扬暴力的影视剧和游戏，避免孩子模仿电影、电视和游戏中的攻击行为。作为家长，面对目前那些充斥着暴力与色情等不良信息的动画片和游戏，我们可以为孩子做些什么呢？

首先，把好审核关。

如果家长觉得某些动画片或游戏不符合自己的教育理念，或者不适合孩子收看或玩耍，我们就要想办法让孩子喜欢上自己觉得更好的动画片和游戏。对于大一点的孩子，由于他们已经开始有了自己的判断和认识，只要我们平时和孩子沟通顺畅，也完全可以引导孩子学会欣赏更好的动画片和游戏。

另外，对于孩子对动画片或游戏中的一些模仿行为，如果是不好的行为，我们要及时制止和纠正。其实，家长通过引导，能够让孩子认识到电视或游戏里面的某些语言和行为不适用于现实社会，让孩子把虚拟和现实区分开来。

其次，事先要定规则。

由于孩子的自控力和约束力不够，需要大人适当进行引导和管束。但我们不可能随时随地看着孩子或者跟着孩子，所以，跟孩子一起商定看动画片和玩游戏的规则就很重要。如果规则制定得好，孩子也遵守得好，我们就大可不必担心孩子受到不良影响。

对于孩子看动画片和玩游戏的规则，我们可以从以下几个方面约定：大人对于动画片和游戏内容需要了解，如有色情、暴力内容，绝不允许孩子涉足；讲好每一次观看或玩耍的时间，比如半小时到一小时，并严格遵守；看动画片或玩游戏之前，必须先完成作业；不让幼小的孩子单独看动画片或玩游戏，尽量在父母的视线之内。

教养贴士： 在传统的教养观念中，父母并不鼓励男孩哭，甚至经常严厉制止男孩哭。这就在一定程度上阻止了男孩承认本身的情绪，也妨碍了男孩自身的情感发展。不允许男孩哭，就是一个引导男孩远离自我内心的过程，是一种错误的情感教育。

我也有哭的权利！

"我儿子五岁了。有一次，别的小朋友不小心撞到他，撞得可能有点疼了，他就哭了起来。事后那个小朋友跟他说了对不起，他还是照样哭。都说'男儿有泪不轻弹'，怎么我家儿子就那么敏感呢？"

"男儿有泪不轻弹"，作为一个男人，我从小就是被这句"至理名言"教育长大的。如果你也是一名男性，相信也会跟我有同样的感悟："这句话害了我们。"

作为父母，我们总是鼓励女孩大胆表达自己的情绪，哭也可，笑也好；但却经常鼓励男孩隐藏自己的情绪：不要随便哭，要做个勇敢的男子汉等等。其实，无论男孩还是女孩，他们都有哭的权利。男孩的情感教育，也是一个容易被很多男孩家长忽视的话题。

在传统的教养观念中，男性是坚强的，尤其是父母并不鼓励男孩哭，甚至经常严厉制止男孩哭。这就在一定程度上阻止了男孩承认本身的情绪，也妨碍了男孩自身的情感发展。不允许男孩哭，就是一个引导男孩远离自我内心的过程，是一种错误的情感教育，使男孩们远离健康的沟通、情感的认知和表达。

更要命的是，从大脑结构上来说，男性的大脑同女性的大脑很不相同。尽管男孩的平均脑量比女孩要大，但有些研究表明，他们的胼胝体（大脑中负责连接两半球、让左脑和右脑互相"交谈"的部分）要更小。脑量更大同时意味着白质（环绕在大脑周围、协助大脑各部分之间保持高效联系的胶状物）更少。

同女孩相比，男孩大脑中灰质（承担思考功能的脑细胞）更少、血流更迟缓、脑电活动也更慢（这意味着女孩能够比男孩更快地转移注意的焦点）。这些区别和男孩大脑中的其他结构差异一起，导致了他们不能像女孩一样充分地处理与情感有关的内容。研究成果已经表明，男孩的大脑在情感过程中并不算太活跃，这也导致了较少的情感识别和语言表达。

因此，我们需要帮助男孩了解自己的情感世界，试着教导他们对情感的表达方式，建立识别与了解情绪的能力，包括对自我与他人。在发展情感表达能力时，要注意三点：第一，必须能够分辨情绪、说出情绪；第二，要体认情绪的内容，以及它所呈现出来的形式或肢体语言；第三，要了解产生某种情绪状态的情境或反应，要将失落与悲伤、沮丧与愤怒、威胁与骄傲，或者自我尊严与恐惧相连。

同时，一个男孩需要一个具备丰富情绪生活的男性，作为他的角色模范。从父亲或是其他男性身上，他必须学得情感表达的方法。将来他必须建立起自己的感情生活与语言，并以男性的身份进行沟通。他必须要看到并且相信，在男性的生命中，情绪的确占有一席之地。

丹尼尔·戈尔曼在《情商》一书中提出："如果你不能控制自己的情绪，

如果你没有自我认识，如果你不能管理自己的负面情绪，如果你不能推己及人并拥有有效的人际关系，无论你多么聪明，都不可能走得很远。"

虽然情绪这个词几乎家喻户晓，但心理学界目前并没有一个公认的严格定义。在《社会性与人格发展》一书中，戴维·谢弗认为情绪是由多种成分构成的：第一，感受，通常具有积极或消极的特点；第二，相关的生理反应，包括心率的变化、皮肤电反应（即汗腺活动）、脑电波活动；第三，认知，引发或伴随感受和生理变化的认知活动；第四，目标，或采取行动的愿望，如趋利避害、影响他人的行为、交流需求或愿望等行动。

他还举了一个简单例子来说明情绪的上述四个成分。假设一个男孩看到他三岁生日收到的礼物卡车时神采飞扬。他的这种非常积极的感受伴随着心率加快和可能的认知活动——"我得到了我想要的"，并且这些"快乐"的伴随成分会驱动他马上去接近玩具（或向满足他愿望的人表达感谢）。

尽管戴维·谢弗并未给出一个关于情绪的确切定义，但他归纳的情绪的四个组成部分却有助于我们更深入和准确地理解孩子的情绪。当孩子表达出一种情绪时，大人虽然对孩子的感受和认知无法捕捉，但我们完全可以通过观察孩子的生理反应和表现出来的行为去琢磨孩子的感受和可能的认知活动。因此，要读懂孩子的情绪并且提升孩子的情绪调节能力，我们就必须对孩子的情绪发展规律有一定了解和认识。

儿童情绪语言和情绪理解的发展规律

儿童谈论自己和他人的情绪以及理解情绪的能力发展是儿童早期情绪发展最重要的变化之一。在2~4岁之间，儿童的情绪词汇增加迅速，能准确地识别自己和他人的简单情绪，能谈论过去、现在和将来的情绪；能谈论情绪的原因和后果，可以识别与特定情境相联系的情绪；在假装游戏中会使用情绪语言。

4～5岁时，孩子对情绪做出口头反应的能力增强，能思考情绪和情境间较复杂的关系；明白同样的事情可以引发不同人的不同感受，在事件发生后，情绪可以持续很久；控制、调节情绪以及适应社会标准的意识逐渐增强。

在儿童中晚期，孩子更加有意识地调节、控制自己的情绪以适应社会标准。在这个阶段，儿童的情绪发生了一些重要变化：理解自豪、羞愧等复杂情绪的能力有所增强；逐渐明白在特定情境下，个体有时会感受到多种情绪；逐渐倾向于更充分地考虑引发情绪反应的事件；压抑和隐藏消极情绪的能力显著增强；使用自发策略来引导情绪。

在儿童中期，孩子可以通过一些方法和策略更有效地控制情绪，还会通过一些表达规则有意地掩饰真实的感受，已经可以做到真正的共情和换位思考。换句话说，就是6岁以后的孩子已经可以逐渐学会管理自己的情绪。而能否学会管理和控制自己的情绪，也是衡量儿童自控力的一项重要指标。

提升孩子的情绪认知能力

当别人的情绪出现以后，父母就要引导孩子察觉他们的情绪，试着理解别人的感受是什么。我们还要帮助孩子用语言说出别人的感受，找到一些恰当的与情绪对应的词语，说出别人的感受有利于让孩子更清楚地识别他人的情绪。

我们可以从以下几个方面去教孩子学会识别和理解他人的情绪：

（1）帮助孩子积累表达感受的词语。父母是孩子的情感导师，我们可以抓住日常生活中的机会教孩子掌握一些表达感受的词语，让孩子懂得如何描述他人的感受。比如，当同学遇到困难或挑战时，可以对孩子说"他现在一定很郁闷吧！这道题确实很难"；当别人被欺负时，可以对孩子说"他现在肯定很伤心吧"；当别人被误解时，可以对孩子说"他是不是很委屈啊"等。

（2）告诉孩子一些关于感受的身体反应。我们可以教给孩子一些基本常识，让孩子了解当我们遭遇某种情绪的时候，身体会有什么样的反应。比如，当人们害羞时，脸会变红；当人们愤怒时，会咬牙切齿；当人们沮丧时，会垂头丧气；当人们高兴时，会手舞足蹈等。

（3）利用可视化材料来帮助孩子描述他人的感受。通过绘本、视频、照片或图片等可视化材料，声情并茂地告诉孩子别人经历的不同感受。比如，"这张图片中的阿姨正在为丢了手机伤心不已，眼泪快要掉下来了"；"电视里的小朋友找不到爸爸妈妈，害怕得大声哭了"；跟孩子一起读绘本的时候，可以讨论故事中的人物的感受，"艾玛奶奶走了，思达是不是很难过啊"等。

（4）教孩子通过观察别人的面部表情或身体语言来识别他人的感受。我们经常会带孩子出去玩或去超市购物等，在这个过程中可以让孩子多留意一些场景，观察和识别他人的情绪。比如，很多人一起排队时突然看见有人插队，让孩子观察被挤到后面的人的反应，了解他人生气的感受。

（5）利用机会让孩子描述自己的感受。除了识别和理解他人的情绪和感受，我们还可以利用真实场景，或者通过玩游戏的方式，来为孩子创造机会描述自己的情绪和感受。比如，"你是不是还在为弟弟搞乱了你的抽屉难过呢？你生气了吗"；"如果你的金鱼死了，会很伤心吗"等。

2015年10月，有一部名为《头脑特工队》的电影上映。影片中出现了五个比较特别的角色：乐乐（Joy）、忧忧（Sadness）、怕怕（Fear）、怒怒（Anger）和厌厌（Disgust），分别对应人类的五种基本情绪——快乐、悲伤、恐惧、愤怒和厌恶。

电影围绕着跟随父母从明尼苏达搬到旧金山的一个快乐的11岁小女孩莱利展开，但故事并没有从莱利的视角进行讲述，而是转向了她脑中的情绪指挥官——乐乐的视角。乐乐，还有莱利的其他情绪——忧忧、怒怒、厌厌和怕怕，共同主导着莱利的行为并帮她适应新的环境。

如果想让幼儿阶段的孩子对人的情绪有更直观的认识和理解，那么这部电影就是最好的素材。当父母陪孩子看完电影后，可以结合电影中的情节和场景，告诉孩子关于情绪的一些基本常识：

★ 你的所有情绪都有用处。你的每一种情绪都不可或缺，如同电影中提到的，害怕让你躲避危险，厌恶让你远离中毒，愤怒让你追求公正，所有这些情绪只要在正确的场景下使用，都有重要的意义。

★ 情绪不分好坏。比如忧伤，每个人感到伤心并没有错，正如这部电影试图告诉我们的，有的时候悲伤会帮你获得来自他人的支持。

★ 不要压抑自己的情绪。你不可能一直快乐，不要压抑你的情绪。如果你不跟那些关心你的人表达、交流自己的感受，他们就不会知道你的真实想法。

★ 情绪来得快去得也快。对于一个情绪稳定而健康的人来说，任何一种情绪都不会长时间驻留，它们总是来得快去得也快。当一个人感到愤怒时，他会在脑中反复咀嚼让他生气的事情，然后变得更加气愤。电影里则告诉我们，其他情绪完全可以轻松地介入，然后阻止这一情绪进一步蔓延。

★ 你的情绪影响着你的行为。情绪对你的行为有着巨大的影响，从选择食物的喜好到面对困难的态度，它们都扮演着重要的角色，为你出谋划策、指点方向。

★ 你才是自身情绪的主人。尽管情绪会极大地影响你的言行，但控制权却属于你，是你在为自己做决定。你的情绪不能控制你，除非你自己要让它们掌权。

★ 你会对他人的情绪做出反应。当一个人愤怒的时候，其他人也很容易生气。莱利和她父母在餐桌上的一幕说明了这一点，你的情绪可能只是对他人情绪的一种回应，有时你会被完全控制而不明所以。

★ 接纳你的每一种情绪。你的每一种情绪都是你的朋友，不管喜欢与否，它们都将陪伴你一生。

当孩子在日常生活中遇到那些情绪比较激烈的情形，父母就可以结合这部电影中的场景，跟孩子一起讨论他的情绪，并引导孩子学会如何管理自己的情绪。

提升孩子的情绪调节能力

从婴儿期开始，成功调节自身情绪的能力就需要作为一项重要能力进行培养。情绪自我调节能力包括控制情绪的能力，以及把情绪唤醒调节到适宜的强度水平以达成个人目标的能力。对情绪的自我调节，主要体现为掌控自己的感受、伴随感受的生理反应、情绪有关的认知以及情绪相关的行为等方面。在孩子发展的不同阶段，父母需要关注情绪调节能力发展的重点和方向也不同。

当孩子在日常生活中发脾气的时候，就是父母教孩子学会调节和控制自己情绪的最好机会，当我们能够站在孩子的角度去体会他们的情绪，并引导孩子学会自己调节和控制情绪，孩子的情绪表达就会向良性发展，自控能力就会逐步增强。

下面就是如何引导孩子调节和控制情绪的具体做法，分为六个步骤：

（1）描述孩子的不当行为。用平等、平静的语气，简明扼要地告诉孩子他哪里做错了。这时，孩子可能对你说的话毫无兴趣，因此，你说多了也只是白费口舌。

（2）告诉孩子如何冷静下来。这一步就是为了告诉孩子他需要做什么来让自己冷静下来。你可以给孩子一个非常简单的指示，比如："请你回到自己的房间，冷静了再出来。"这时，就像描述不当行为一样，你的语言也要尽量简单。不要给出太多指示，也不要不停地重复你说的话，否则，只会让孩子觉得你是在说教、啰唆或者是想吵架。

（3）给孩子冷静的时间。给孩子足够的时间让他冷静下来，这在许多父母看来都是无足轻重的小事。但是，如果你自己能保持冷静，同时也能给孩子足够的时间冷静下来，孩子就会更快地控制好自己的情绪。简单地说一句"我们花点时间冷静下来吧，几分钟后我再来找你谈谈"，效果就会非常惊人。

（4）告诉孩子该怎么做。向孩子说明，下次碰到这种情况时，他要怎么做来保持冷静。可以用"不要……而要……"这个短语来描述正确的行为。比如："不要大喊大叫地冲出门，下次你生气时，请告诉我你很生气，然后问我你可不可以回房间去让自己冷静下来。"

（5）练习。现在孩子已经知道应该怎么做了，接下来，你应该让他亲自实践一下正确的做法。你可以让孩子和你一起做几次深呼吸，或者冷静地重复一个合理的要求，如："我现在真的很生气，我可以去房间里待几分钟吗？"练习结束后，要告诉孩子哪些做得对，哪些需要改进。

（6）给予消极后果。家长们常犯的一个错误就是，忘记对孩子的失控行为给一个消极后果。一定要给予孩子一个消极后果，并要坚决执行这个后果。必须让孩子明白，在不顺心时，不能靠发脾气来解决问题。

教养贴士： 与女孩相比，男孩做事更喜欢争强好胜。男孩大脑内拥有较多的用于激发争强好胜、冲动、好斗、发脾气反应的中心脑组织。每个小男孩在内心深处都渴望成为"国王"。他们想要不断征服，想成为世界的主宰者，想成为站在山巅、手执宝剑的孤胆英雄。

我就喜欢争强好胜！

如果一群男孩遇到一起，我们很可能会听到他们这样的对话：

"我爸爸比你爸爸长得高。"

"可是我爸爸比你爸爸要帅！"

"我爸爸挣钱更多。"

……

当然，大部分时间，他们还是喜欢拿自己说事儿：

"你们看着我！我一定可以跳得比豆豆更高！"

"我跑步最厉害了。不信，咱俩比比看，谁跑得更快！"

"哼，我才是学霸！我都会算100以内的加减法了，你们还有谁会呢？"

……

与女孩相比，男孩做事更喜欢争强好胜，这是跟大脑发育相关的。女孩大脑较早的发育出现在边缘系统，这个系统所在的部位负责掌管社会性行为和理解他人的感受。而男孩大脑内拥有较多的则是用于激发争强好胜、冲动、好斗、发脾气反应的中心脑组织。

然而，大多数父母和老师却习惯于把男孩的争强好胜误认为是在逞能，把男孩之间适当的竞争当作他们在对抗，甚至把男孩获胜后的喜悦看成是在炫耀。他们还希望每个人都有获胜的机会，并不鼓励甚至还会遏制男孩们蕴藏在心底的竞争意识和欲望。

这种错误的教养观念和方式，对男孩的成长是极为不利的。那么，男孩父母究竟如何做才能呵护和激发孩子的竞争意识呢？

尊重男孩的竞争意识，成全孩子的"国王"梦想

每个小男孩在内心深处都渴望成为"国王"。他们想要不断征服，想成为世界的主宰者，想成为站在山巅、手执宝剑的孤胆英雄——这些，都是他们梦寐以求的。因此，你就会发现，你的孩子总是想要自己完成某个任务，而且他还不想让你帮忙，至少刚开始的时候是这样。同时，你的孩子很可能会告诉你发生在他身上的所有好事，而会向你隐瞒他遇到的一切麻烦。这种"报喜不报忧"的行为，就是源于他的争强好胜心理，也是他想要成为征服者的本能反应。

我们会发现，男孩们往往喜欢使用"我""我的"这种表达方式。为什么会这样呢？早在一两岁的时候，小男孩们就已经开始希望获得独立了，而且这种独立的意识和欲望，会随着他们的不断成长，变得越来越强，青春期会达到顶峰。

争强好胜的这种心理，其实是有利于男孩们的独立性培养的。因为喜欢事事争第一，所以相比女孩，男孩们就更愿意去尝试各种新鲜事情，尤其是那些带有一定刺激性同时又好玩的事儿，当然也更愿意去挑战那些看

似不可能完成的任务。而独立性恰恰就是在这样的敢于尝试、勇于挑战中锻炼出来的。

男孩们总是不愿意让别人超过自己。他们有一种事事争第一的内在动力，从出生以来就极具竞争意识，总是下定决心去达成自己想要的目标。这就是为什么我们很难找到一个总是慢慢悠悠地把车开在高速公路上的男人。绝大多数男人开车，都喜欢在超车道上风驰电掣，总是想看看自己能不能追上前面那个家伙，究竟能把后面那个家伙甩开多远。

对于小男孩来说，他们想要的可能不仅仅是一辆自行车，而是想要一辆比别人更好、更酷，可以骑得比别人更快的自行车。当我们亲眼目睹一群小男孩在一起骑自行车的时候，一定会为他们提心吊胆。如果此时你恰好牵着一个小宝宝在他们前面走，那么我建议你赶紧把宝贝带离这个十分危险的场所。

男孩之间在言语和身体上的竞争，几乎会贯穿于他们的整个学校生活之中。男孩们经常讨论谁是老大，谁不是，谁最棒，无论话题是关于运动的、电影的、打斗游戏的，还是学习的、考试的。这种讨论往往无休无止、你争我夺。

男孩们都有控制欲，都希望能掌控一切。对获胜的渴望是他们与生俱来的，这也是他们愿意在一些小事上都全身心投入的内在动力。因此，尊重男孩之间的这种竞争是非常重要的，我们不用非要让他们的每一次对话都要做到彬彬有礼，不用非要让他们减少竞争甚至放弃竞争。

渴望成为"国王"、喜欢争强好胜的心理，无疑对男孩们的学业、职业、生活、人生都大有益处。当然，这一心理也会给他们的人际交往带来麻烦，给他们的学习生活带来压力。他们需要父母的帮助，来取得二者的平衡。

比比谁最快，激发孩子的竞争意识

虽然男孩的竞争意识是与生俱来的，但对于小男孩，我们非但不能压抑或遏制他们的竞争意识，相反还要尽可能想方设法激发他们的竞争意识。而在日常生活中，时时处处都有激发男孩竞争意识的机会，同时还能通过竞争的方式来帮助解决孩子成长过程中的问题。

很多父母都会头疼一件事，就是宝贝每次玩过玩具之后都不肯自己收拾玩具，搞得家里遍地狼藉，最后全都要靠大人来收拾整理这些乱七八糟的玩具。这一点在男孩身上表现得尤为明显。

要想让男孩学会自己主动收拾玩具，威逼是难以见效的，利诱或许也能偶尔奏效。这个时候，我们就完全可以利用男孩喜欢争强好胜这个特点，跟孩子一起比比谁最快，让孩子学会自己收拾玩具，让孩子养成自己的事情自己做的良好习惯，逐渐培养孩子的独立性和自我管理能力。

当孩子每次玩过一些需要收拾和整理的玩具后，父母可以跟孩子一起玩"比比谁最快"的游戏。比如孩子玩了一段时间的积木玩具，想换另外一个玩具玩，这时就是父母和孩子一起玩这个游戏的最佳时机。

父母先告诉孩子每次玩好玩具，都需要自己收拾和整理自己的玩具，今天就让我们一起比赛看看"谁最快"。当父母说"开始"后，父母和孩子一起动手收拾和整理玩具。为了鼓励孩子的积极性，父母可以稍微放慢速度，让孩子也有领先的机会。等所有玩具收拾好后，父母就要多给孩子一些鼓励和肯定。如果是第一次收拾自己的玩具，还可以告诉孩子今后要学会收拾自己的玩具，每次玩好玩具都需要放回原处。

类似于"比比谁最快"这样的小游戏，我们还可以运用到生活中的很多方面。我家二宝小雨大多数时候都能在半小时内吃完一顿饭，但也难免会遇到他胃口不太好或者当天零食吃得比较多的情况。每当这个时候，吃饭就成为令我们头疼的问题，以前二十分钟左右可以搞定，现在就要超过半小时了。而威逼利诱、软磨硬泡，往往都无济于事，最终只好草草收场。孩子过了不久就开始四处寻找零食以充饥。

有一天，他不好好吃饭的时候，恰好我也在家。看着小雨妈妈黔驴技穷，被折腾得快要崩溃的时候，我突然想到了小男孩都喜欢跟别人一争高下这一点。于是，我就很兴奋地对他说："小雨，你现在碗里剩下的饭是不是跟爸爸碗里剩下的饭一样多呢？要不我们今天来比赛一下，看看是小雨吃饭快还是爸爸吃饭快，好不好？"

听我这么一说，他马上来劲了，赶紧探头来看我碗里的饭还有多少。当他确认我俩剩下的饭都差不多之后，立即快马加鞭，甚至还有点狼吞虎咽之势，还会不时朝我碗里看。当然，我也有意识地放慢速度，把领先的机会让给他。几分钟的时间，他就把自己碗里的饭菜全部吃光，然后开始四处大声宣布"我赢了，爸爸输啦"，生怕别人不知道。

不曾想，就是这么一个"比比谁最快"的小游戏，却让孩子从软硬兼施都不灵的状态，迅速转变为不用扬鞭自奋蹄的架势。而这恰巧就是充分利用了男孩喜欢争强好胜这一特点。

竞争性游戏，让孩子体验真正的竞争

游戏是促进男孩们身心发展最强有力的工具，而竞争则是最好的催化剂。男孩们和男人们都喜欢游戏，也都喜欢竞争。他们总想要看看自己跟别人相比究竟怎么样。大部分男孩和男人都想要证明自己比别人厉害。竞争性游戏，就是让男孩们体验真正的竞争、品尝胜利与失败的最好手段。

在鼓励孩子和别人一起玩竞争性游戏之前，父母最好先跟孩子玩一些最基本的竞争性游戏，比如下棋。先让孩子懂得游戏的秩序和规则，熟悉游戏的技能和策略，帮助他们建立自信，让他们体验竞争的结果，为他们示范如何坦然面对失败。

比如，父母可以教稍大一点的男孩学习下棋，让孩子熟悉棋类游戏的规则，体验真正的竞争，同时增强孩子的规则意识。棋类游戏都有相应的规则要求，在学习下棋的过程中，孩子同时也可以学习如何遵守规则。

首先，父母要让孩子对下棋有兴趣，当孩子对下棋有了兴趣以后再去教他怎么去做。教孩子学习下棋，要循序渐进，从易到难。比如玩跳棋，可以先让孩子一步一步地走，看谁先到达目的地。教会后，再教孩子怎样利用自己或对方的棋子跳着走，尽可能快地到达目的地。

学会了下简单的棋，再教稍复杂的，如象棋。先要教会孩子认识"将、象、士、车、马、炮、兵"这几个字，然后玩"吃棋子"的游戏，即双方各出一个棋子，看谁吃得多，谁就赢。在和孩子玩游戏的过程中，让孩子了解到各个棋子的作用，就是每个棋子所代表的意思，让孩子玩的时候就已经学会了下棋。

父母和孩子玩下棋的游戏，不要让孩子总是输，这样会打击孩子学习下棋的兴趣。所以，家长和孩子下棋时偶尔要有意识地输给孩子。孩子下赢了要及时表扬鼓励，让孩子体验到胜利的心情。在和父母玩的过程中，要让孩子有赢有输，这样才能引导孩子坦然面对失败。

刚学会下棋的孩子一次不要玩太久，半个小时左右就可以了。玩太长的时间，孩子会注意力不集中，也容易让孩子对下棋感到厌烦。父母教孩子学习下棋，耐心是很重要的，不要以大人的标准来苛刻地对待孩子。学下棋的时候，孩子有不懂的地方，大人也不要说孩子笨，要有耐心地一一解释。

教养贴士： 男孩天生就是探险家，他们往往会在大胆探险的过程中，惹下很多麻烦，甚至闯下很多"大祸"，这个时候更需要从父母那里得到的是明确的界限、开放的空间、持续的鼓励和理解。

请鼓励我胆大！

大约在一个男孩能行动自如，并顺畅地与人交流时，他就开始步入"探险家"的行列了。在这个阶段，他对探索世界表现出比女孩更大的兴趣。快速发育的身体和肌肉，逐渐增强的运动技能，帮助男孩逐渐踏出母亲温暖的怀抱，探索并漫游于更广阔的世界。

在成为探险家的这个阶段，男孩获得了一种强大而迷人的能力，他能够在大脑中形成那些他所接触或没有直接接触过的事物的图像并进行思考。这个阶段的男孩积极活跃、具有攻击性、富于好奇心并且自主自决。这些"探险家"既令人快乐又要求苛刻。他们的情感波动很大，没有任何事情能比开启新的探险更令他们兴奋。

正因为男孩作为探险家，天生具有以上几种特质，他们同样也有特殊的需要。小小探险家们往往会在大胆探险的过程中，惹下很多麻烦，甚至闯下很多"大祸"。这个时候，从父母那里得到的大多数都是严厉的管教，甚至可能是一顿拳打脚踢。然而，作为真正的探险家，他们更需要的是明确的界限、开放的空间、持续的鼓励和理解。

虽然男孩天生就是探险家，但这并不意味着每个小男孩天生就是"胆大包天"的。愿意去探险的冲动是每个男孩都具备的，可是能否把自己的冲动转化为行动，就因人而异了。一般来说，性格外向的男孩可能更容易付诸行动，而内向的男孩很可能经常就会敢想不敢为了。

先天的性格固然会影响男孩胆大还是胆小，不过父母后天的教养和引导同样也会影响男孩的胆量。如果天生就胆大的男孩，却出生在一个父母非但不鼓励，反倒处处限制孩子大胆探险的家庭，那这个男孩的胆量迟早也会被父母的不当教养逐渐侵蚀。

相反，即使一个天生胆小的男孩，父母却始终鼓励他去大胆探险，并时时处处为儿子创造锻炼胆量的机会，这个男孩最终就会慢慢脱离胆小如鼠的困境，成长为一个敢于担当、勇于冒险的男人。

为孩子创造机会，锻炼他们的胆量

孩子的成长需要父母和老师的鼓励，孩子的胆量需要有更多机会锻炼，孩子的自信需要在真实的体验中得到增强。对于胆量来说，如果孩子从小得到的锻炼机会比较多，一旦得到父母和老师的鼓励和肯定，他就会不断找到成就感，逐渐提升自信心，日益增强自己的胆量。

父母可以利用幼儿园、早教机构、社区等组织的亲子活动或公开演出等机会，陪孩子一起上台当众给大家表演节目，比如唱歌、跳舞等。在正式表演的前几天，父母可以在家和孩子一起进行演练，让自己和孩子对即将表演的节目形式和内容都比较熟悉，做到心中有底。在家演练的过程中，最好让家里其他人一起观看，表演前和结束后都要用掌声欢迎和鼓励。

正式表演的当天，父母不要太紧张，并尽可能让孩子放松心情，减轻孩子的紧张和恐惧心理。当轮到孩子上场时，陪同孩子一起表演的父母一方，牵着孩子的手轻松自如地走向舞台中央。大人和孩子首先向观众鞠个躬，让孩子学会舞台礼仪。

在表演过程中，如果孩子出现忘记歌词或者做错动作等情况，大人也不要惊慌，更不要停顿或冷场，而应该沉着冷静地继续领着孩子表演。表演结束后，同样需要跟孩子一起向观众鞠躬致谢，然后快步走下舞台。无论当天的表演效果如何，只要孩子能够大胆地走上舞台，父母就要及时给予孩子肯定和表扬，尤其是他敢于上台表演和积极表现自己的勇气，从而增强孩子的自信。

陪孩子玩刺激性游戏，激发男孩的冒险精神

除了鼓励孩子跟同伴玩耍和游戏以外，父母同样需要成为孩子的玩伴。经常陪男孩玩一些刺激性的游戏，既可以激发他们的冒险精神，也可以释放他们的高活动力。

跟妈妈相比，陪孩子一起玩刺激性游戏是爸爸的天然优势。喜欢冒险和刺激是男人的天性，而要激发男孩的冒险精神，爸爸则是他们的最佳玩伴和最好的榜样。

很多时候，爸爸之所以不愿意陪孩子玩这些刺激性游戏，并不是他们不愿对孩子用心，其实是因为他们根本就不知道究竟该玩些什么、如何陪孩子玩。那么，爸爸可以陪孩子玩哪些刺激性游戏呢？

1. 3岁以内的孩子

可以经常跟孩子玩"举高高"（把孩子举过头顶）、"坐飞机"（双手抱着孩子转圈）、"扔床上"（把孩子从床尾扔到床头）等游戏，可以让孩子体

验到一定的恐惧和害怕，但又在可以接受的心理限度内。

2. 3～6岁的孩子

可以经常陪孩子到公园或游乐场去体验孩子能承受的刺激项目，比如海盗船、碰碰车、高空缆车、荡秋千等。

3. 6岁以上的孩子

可以根据孩子的不同年龄阶段选择不同的刺激性游乐项目，比如陪孩子坐过山车、跟孩子一起摔跤、同孩子一道去滑雪等。

除了以上列举的这些刺激性游戏，我们还可以结合孩子的兴趣和特点，选择适合自己孩子的更多刺激性游戏或活动，甚至完全可以自己设计类似的刺激性游戏和玩具。

教男孩克服恐惧心理，鼓励孩子大胆尝试

男孩或男人的冒险精神，需要正视内心的恐惧，勇往直前，敢于挑战，去做那些看似不可能完成的任务。在鼓励孩子大胆尝试之前，我们需要教孩子如何克服自己的害羞情绪和恐惧心理。

父母可以参考以下几个步骤，教孩子逐渐学会克服自己的恐惧心理：

（1）让孩子从1到10之间，把他所有害怕的东西列举并量化出来。例如：怕黑是10，最高；怕狗是3，比较低。这样能帮助我们了解他害怕的东西有哪些，又分别有多高的惧怕程度，这样就便于据此想出克服的方法。

（2）让孩子把什么时候感到害怕，引起害怕感觉的任何关联事物都记录下来。内容可以写什么让他害怕，害怕的感觉是什么，为什么害怕。然后再写出他自己认为怎么做，或得到什么帮助，才能让他克服这种害怕。

我们再根据他的记录，和他一起讨论克服害怕的方法。

（3）把他的害怕拆解成几个可以处理的步骤。很多时候，孩子的恐惧感是在脑子里酝酿激化出来的。例如，一个在电视里看见大狼狗把人咬伤的孩子，会突然害怕起任何小狗来。如果我们知道了他害怕的原因，就可以先让他看小狗的图片，然后进步到玩小狗毛绒玩具，最后再进步到和真实的小狗在一起待一会儿。不过要留意的是，处理的速度不要太激进，方法不要太过。例如，我们不要期望最终能把孩子和大狼狗放在一起，那样会有危险，也一定会吓坏他的。

（4）和孩子分享我们的经验。告诉他你曾经也害怕过什么，有多害怕，后来又是怎么克服的，并且让他知道一旦你克服了这种害怕之后，又为自己的生活带来了什么样的影响。

（5）多留心孩子看的书或电视节目的内容。不要让孩子看一些超出其年龄段的心理承受能力、比较恐怖的书或影视节目。当孩子接触到一些恐怖场景时，需要及时告诉孩子那些都是虚构的，让孩子分清现实和虚拟。

（6）如果这个害怕确实存在，也确实强烈到影响他的情绪和生活，就给他一个足以安慰保护和鼓励勇气的"护身符"。例如：一个他喜欢的毛绒玩具、一方小小的毯子、一本书、一张偶像或父母的照片、一首勇敢的小诗等，让他随身带着，陪伴在他身边，帮助他面对恐惧，然后再慢慢地引导他。如此才能避免恐惧给他带来更多的伤害。

当我们按照上述六个步骤教孩子克服自己的恐惧心理后，父母还可以跟孩子一起玩"我会介绍自己啦"的亲子游戏。通过这样的实战演练，进一步体验如何克服恐惧心理，让孩子勇于挑战自己。这样能够锻炼孩子的胆量，提升孩子的自信。

父母和孩子可以经常在家模拟演练自我介绍，让孩子学会大胆地在公共场合介绍自己。首先，父母给孩子进行示范，当着孩子和家里其他大人的面介绍自己，比如姓名、年龄、做什么工作、住在哪个城市、自己的兴趣爱好等，最好多示范几次。接下来，父母鼓励孩子当着家人的面进行自我介绍，包括姓名、年龄、住在哪个城市、就读哪个学校、自己的兴趣爱好等。

如果孩子在自我介绍时比较紧张，父母就可以让孩子回忆曾经教给他的克服恐惧心理的方法，同时教孩子学会放松自己，比如介绍之前进行深呼吸、语速放慢、眼睛看着前方、面带微笑等。每次进行游戏时，可以让孩子多模拟几次，不断改进，同时也可以不断增强自信。对于孩子的进步以及做得比较好的地方，父母在游戏结束时及时给予肯定和鼓励。

让孩子突破极限，提升自己的勇气

勇气是一种人们在面对痛苦、困难、危险、挑战或不确定因素时，能够克服恐惧的能力。如果生活中没有任何挑战，那么孩子的能力就得不到锻炼、勇气就难以得到提升，当然冒险的行动就会少之又少。

一旦孩子勇于挑战并获得成功，尤其是突破自己心理上的极限，就将极大地提升他的胆量和自信。经历一次成功的体验之后，孩子就会拥有更多的勇气去迎接下一个更大的挑战。即使挑战失败也不要紧，这样可以锻炼孩子的挫折承受力。

小雨三岁半时，我们带她去常州恐龙园玩，陪他一起玩了一个比较惊险的游乐项目——激流勇进。在玩之前，我对他能否经受住可能的惊吓，心里完全没底。玩的过程中相当惊险，小雨吓得大哭大叫。但是，他已经坐上了"贼船"，就没有任何退路，只好鼓起勇气坚持到底。没有想到，下来之后，我们大人都感觉头昏目眩，他却若无其事。

经过这次挑战之后，我逐渐发现他对很多惊险刺激的游乐项目不再那么恐惧。后来，幼儿园组织秋游，到一个公园玩海盗船，陪他一起玩的妈妈都很害怕，小雨反倒不怎么害怕。玩了一次还嫌不够，他吵着还要再玩一次。

不过，在引导孩子面对挑战时，我们也需要注意以下两个方面：

（1）不要刻意为孩子制造挑战。在日常生活和学习中，我们完全可以发现很多让孩子去挑战的机会。比如，刚学走路的孩子一定会遇到很多磕绊，刚入园的孩子一定会遇到很多问题，刚入学的孩子一定会遇到很多难题。生活和学习中经历的挑战比刻意制造的挑战更具有真实性。真实的体验才能带来自然的成长。

（2）不要超出孩子的能力范围。在成长的每个阶段，孩子的生理发展、心理发展和社会性发展的程度都不一样。当我们引导孩子勇于挑战时，需要因应孩子的身心发展规律，更不能超出孩子的能力范围，否则可能适得其反。比如，让两三岁的孩子去坐过山车或海盗船，就会超出这个年龄段孩子的心理承受能力，一旦过度恐惧，孩子的胆量就会越来越小。

教养贴士：每个男孩都是天生的"科学家"，他们天生具有强烈的好奇心和探究欲，他们通过自主的探索活动获得对世界的了解和认知。呵护孩子的好奇心和探究欲，男孩的探索精神就会得到保护和鼓励，他们的想象力和创造力就将源源不断地被激发出来。

我是天生的"科学家"！

相信很多男孩父母都经历过类似这样的场景：刚换的漂亮灯具，被儿子的皮球砸坏；刚买的骨瓷餐具，被儿子不小心摔碎；刚装修的墙壁，被儿子当作白板进行涂鸦；卷筒纸一溜烟成了儿子身上的"飘带"，飘得满地都是；茶几上摆的东西，被儿子当成玩具进行糟蹋，比如烟灰缸、报纸、剪刀、水杯等。

瑞士著名发展心理学家皮亚杰曾说："儿童就是科学家。"每个孩子天生具有强烈的好奇心和探究欲，他们通过自主的探索活动获得对世界的了解和认知。因而可以这样说，探索精神是儿童与生俱来的重要基因，探索活动是儿童成长不可或缺的重要组成部分，探索能力是儿童持续一生的重要能力。

相比女孩，男孩的好奇心和探究欲更胜。从这个角度来讲，每个男孩都是天生的"科学家"!

然而，一提到科学家和科学探索，很多父母可能会觉得这仅仅是少数天才儿童才能做的事情，不是普通孩子和家长需要考虑的问题。其实，在孩子的日常生活和学习中，探索精神无时不有，探索活动无处不在，这些方面甚至可以简单地概括为"好奇、好问、好动、好玩"四大特点。

我国著名教育家陶行知先生曾经说过这样一句话："处处是创造之地，天天是创造之时，人人是创造之人。"不论老师还是家长，如果我们能够在观念和做法上有些改变，则有可能呵护每个男孩的探索精神，提升每个男孩的探索能力，让我们的男孩多一分想象力和创造力。

那么，作为父母，我们究竟如何做，才能保护男孩的探索精神、培养男孩的探索能力呢？

呵护孩子的好奇心和探究欲

其实好动和好奇是孩子的天性，男孩更是如此。如果孩子不好奇，就不会对身边的事物感兴趣；如果孩子不感兴趣，就不会主动接触这些事物；如果孩子不接触，就不会理解事物的本质。

因为好奇，男孩就喜欢尝试、喜欢运动，甚至喜欢"搞破坏"。大人认为不能碰的东西，男孩偏偏要去摸；大人认为不能干的事情，男孩偏偏要去做；大人认为很无聊的东西，男孩偏偏觉得很有趣。

鼓励男孩了解和探索世界，允许他们犯错，呵护孩子的好奇心和探究欲，男孩的探索精神就会得到保护和鼓励，他们的想象力和创造力就将源源不断被激发出来。我们甚至可以从鼓励小男孩仔细观察一只蚂蚁或蚯蚓的爬行、聆听夏日的蝉鸣等日常生活做起。正是这种自由玩耍和探索，可以让他们了解和探索世界，并激发他们的想象力和创造力。

为孩子创设更多的探索机会

男孩的每一次尝试，可能就是一次探索；每一次探索，也可能就是一次成长。因此，我们要尽可能给孩子创造探索世界的机会，让他们在一次又一次的探索中逐渐成长。

那么，我们如何为男孩创设更多的探索机会呢？

为孩子创设一个独立的探索空间，比如布置一个专门的儿童房、在客厅或卧室的一个角落摆放一个儿童帐篷等。

购买一定数量的、适合不同阶段和男孩性别的玩具，尤其是那些可以组装或拆卸的玩具，比如乐高积木、玩具枪等。

家里多准备一些可供儿子做手工的材料，比如塑料剪刀、贴贴纸、儿童折纸、废旧物品等，鼓励孩子多动手。

鼓励孩子多尝试没有做过的事情，多接触新鲜的事物，激发孩子多方面的兴趣。

允许孩子犯错误或搞破坏，尽可能满足孩子的好奇心和探究欲。

经常陪孩子一起玩耍和游戏，引导孩子自主进行探索和成长。

鼓励孩子体验高科技产品

在信息化时代，各种高科技电子产品层出不穷、应有尽有，孩子们随处可见、随手可得。而如今，只要能上网，只要是智能设备，每个人几乎都能找到一款或几款自己喜欢的电子游戏。无论简单还是复杂，无论大人还是小孩，往往都会乐此不疲，甚至玩得废寝忘食。

既然男孩容易沉迷于电子游戏，我们是不是就干脆不让孩子接触电子游戏，甚至不接触电脑或其他高科技产品呢？当然，这种办法是最简单的，可能家长也会认为是最有效的。

如果一味禁止男孩接触这些现代电子产品，我个人觉得这不现实。即使家里没有这些电子产品，孩子依然会很方便地找到这些东西。信息化时代，靠堵是没有办法让孩子与电子产品隔绝的。

与其这样，还不如让放手，鼓励孩子体验各种高科技产品。我们要引导孩子正确认识这些电子产品，意识到游戏只是电脑等电子产品的一个很小的功能，它们另外还有很多神奇之处，是我们认识世界、改变世界的重要工具。让男孩接触和体验高科技产品，目的是让他们以后尽早学会运用现代科技，把这些电子产品除了游戏以外的功能发挥到最大。

当然，由于男孩的自控力和约束力不够，需要大人适当进行引导和管束。但是，我们不可能随时随地看着孩子或者跟着孩子，所以，跟他们一起商定玩电子产品的规则就很重要。如果规则制定得很好，孩子遵守得很好，我们就大可不必担心孩子沉迷于这些电子产品之中。

对于孩子玩电子产品的规则，我们可以从以下几个方面约定：大人对于电子产品内容需要了解，如有色情、暴力等方面的内容，绝不允许孩子涉足；讲好每一次玩的时间，比如半小时左右，并严格遵守；玩电子产品之前，必须先完成作业；未经许可，不能随便到外面去玩电子产品；不让幼小的孩子单独跟电脑或其他电子产品在一起，尽量在父母的视线之内。

然而，如今开发和制造各种儿童电子产品的厂家很多，良莠不齐，既有真正为了帮助孩子的成长、符合儿童身心发展规律的儿童科技产品，也有打着儿童科技产品的旗号、挂羊头卖狗肉的生产厂家。这就需要我们在购买这些高科技产品之前，最好陪孩子一起体验和试玩一下产品。参加一些儿童玩具展会或者一些公司的新品发布会，也是很好的了解和体验高科技电子产品的途径。

鼓励孩子多读科普书

鼓励孩子多读科普书,是为了激发孩子的好奇心和求知欲,让孩子积累知识,扩大视野,帮助孩子学会在阅读这些科普书的过程中,学会提出自己的问题,并自己想办法找到答案。

下面,我给大家推荐一些能激发男孩好奇心的儿童绘本和科普书:

1.《小问号小叹号绘本系列》(全8册)

这是一套了解孩子心声的故事绘本,它以孩子们的所思所感为主题,用幽默风趣的语言、清新脱俗的绘画以及天马行空的想象引领父母和孩子进入一个充满问题、充满困惑的孩童世界中,表达了幼儿世界的好奇与无助,带领父母和孩子找到解决问题的智慧钥匙。

2.《妙想科学》(全12册)

这是一套可以让孩子在轻松愉快并且非常有趣的气氛中学习科学知识的图画书。它没有僵化地直接描述抽象思维,而是用很多具体的、充满奇思妙想的、看似不可思议但又符合科学原理的小故事,把枯燥的科学知识传递给孩子。

3.《从小爱科学 有趣的物理》(全13册)

这是国内最全的物理启蒙科普读物,共13册,内容涵盖多种物理现象和原理。通过一个个小故事,让小朋友们发现身边经常发生的物理现象,然后再用浅显易懂的语言和有趣的图画,来解释这些现象中所包含的物理原理。这套书寓教于乐,让孩子的好奇心变成学习科学知识的兴趣和动力。

4.《拉鲁斯趣味科学馆》(全7册)

科学、动物、自然、历史、世界、英雄、职业,全套图书7大主题。外面的世界有多精彩?科学的王国有多远?人人崇拜的超级英雄为什么能成为英雄?何处是人生的彼岸?这套书回答了全世界千万个孩子用10余种语言问父母们的千万个问题。

5.《这是怎么回事》（全24册）

这套来自意大利的科普读物浅显易懂地介绍了小朋友在生活中会接触到的方方面面的知识，内容涵盖发明、人体、生活、人文历史、自然科学等。小朋友们通过对这些事物的认知，可以把贴纸贴在书中黑白线条的图画上，考察自己是不是学会了全书的内容。如果想把漂亮的贴纸贴在其他地方，那黑白线条的小图片也可以供小朋友涂鸦上色。

父母也可以根据孩子的兴趣爱好，自己找到一些适合孩子特点的科普书。当把这些孩子喜欢的科普书买回家后，要摆放在比较显眼的位置，让孩子随时可以关注到，就像自己的玩具一样，也让科普书成为孩子生活中的必备品。

如果孩子读到一些科普书的时候，对某个现实生活中的东西特别感兴趣，父母可以带着孩子一起去观察和探寻，把科普知识跟生活相联系，引发孩子更多的兴趣和问题。在科普知识和科普阅读方面，爸爸相比妈妈，更有优势，所以爸爸要多陪孩子一起阅读科普书。

陪孩子一起参观科技馆

父母选择一个周末或节假日，陪孩子一起到一个比较大型的科技馆参观游览，增长孩子的见识，开阔孩子的眼界，激发孩子的好奇心和求知欲，并在参观和游览过程中有意识地引导孩子进行独立思考。

可参考如下几方面的建议：

★ 提前做好相应准备。为了能充分地利用时间，尽可能详尽地参观科技馆，父母要在出发前做好相应的准备，对科技馆的基本情况有所了解，并根据孩子的年龄大小确定好最佳参观路线。当然，父母带孩子参观科技馆之前，需要教给孩子一些常识，比如：不能大声喧哗、不能随意跑动、有的地方禁止拍照等。

★ 通过亲身体验激发孩子的求知欲。在参观过程中，父母要让孩子亲身体验科学的奥妙与神奇，激发好奇心和求知欲。父母通过让孩子进行各种创造性的体验，不仅让孩子对科学有了直观生动的理解，而且锻炼了孩子的动手能力。

★ 尊重孩子的参观意愿。大人是按成人的眼光来审视展品，而儿童却用自己的童趣欣赏展品，两者有着很大的差别。父母陪孩子到科技馆去参观，需要调整自己的心态，不要对孩子参观提出太多限制，而是尊重孩子自己的参观意愿。只有孩子自己感兴趣的东西，才能在他的心中留下深刻的印象，也才能激发他的兴趣。

★ 引导孩子进行独立思考。问题是思考的起点。孩子在参观科技馆时，脑子里一定会冒出很多问题来，当孩子向父母提出自己的问题时，父母就要和孩子一起讨论，耐心地向孩子解释，并引导孩子自己找到问题的答案。如果父母积极地帮孩子解决问题，孩子就会提出更多的问题。父母也可以在参观过程中给孩子提出一些问题，让孩子学会主动思考。父母的问题可以激发孩子的兴趣，孩子会为了找到问题的答案不断思考。

> **教养贴士：**在整天需要安静地坐着听讲的环境里，男孩们实际上是长期在一个不利于自己学习的环境里接受教育。男孩更多需要通过肢体运动进行学习。当他们被允许亲自体验、实践一项任务、技巧或者概念，往往会学得更好。

我需要通过身体进行学习！

"我儿子五岁半，幼儿园老师反映说这孩子坐不住，喜欢碰旁边的小朋友，不好好做操，就喜欢在屋外疯跑。我很担心他适应不了上小学，怎么办呢？"

男孩血液中的多巴胺含量较高，流经小脑（脑中控制"行为"和"身体运动"的部分）的血流量更大。这就是导致男孩总是坐不住、在静坐或久坐的过程中学习效果总体上不及女孩的"罪魁祸首"。同时，相比女孩，男孩更多需要通过肢体运动进行学习。这种运动对男孩大脑的学习至关重要，而这也适用于多巴胺小脑功能活跃的女孩。

其实，在婴幼儿时期，大部分的男孩都是通过触觉和肌肉运动知觉学习的。两岁左右开始，男孩主要是通过触碰和感觉进行学习的。他们天生就是适合去运动和活动的。如果能自由地活动和切身地体验，而不是被迫坐下听讲，男孩们往往会学得更好。

不幸的是，随着男孩们进入幼儿园和小学阶段，生活和学习的环境将发生很大变化。他们从一个可以自由活动的环境——家，来到了一个更多约束的环境——学校。在这里，老师要求他们坐更长的时间，集中更多的注意力。尤其是进入小学，男孩们每天很少有机会在一个宽松的环境里自由奔跑，即便是体育课，每次的平均时间也只有三十多分钟，而体育老师同样会给孩子们一些约束和限制。

而在男孩的成长中，他们主要通过这三种方式和途径进行学习：视觉、空间和体验。通常，男孩们主要是通过视觉刺激来获取信息的。他们倾向于从图像、符号、照片、图示、图表等视觉模型中吸收信息。男孩也是空间学习者，他们的大脑天生适合处理空间关系。这解释了为什么男孩特别擅长乐高玩具和积木，以及为什么男孩更容易在数学和科学方面获得成功。男孩也会通过做事来进行学习。当他们被允许亲自体验、实践一项任务、技巧或者概念，并且让他们谈论自己学到了什么的时候，往往会学得更好。

但是，学校提供的学习方式大多数却是听觉的、静止的，孩子们也难以通过触碰和动手来亲身体验。缺少必要的玩耍和自由活动的时间，在整天需要安静地坐着听讲的环境里，男孩们实际上是长期在一个不利于自己学习的环境里接受教育。这样的学习方式，对男孩们的成长是极为不利的。

美国儿科学会的一项研究表明，"自由而松散的玩耍"是更加健康而重要的学习方式，可以让孩子们达到其主要的"社会、情感和认知里程碑，同时也可以让他们更好地应对压力，变得更加坚韧"。

经常通过身体进行学习，男孩就会逐渐成为体验学习者。同时，他们也需要通过肌肉运动知觉的体验来使自己更加集中注意力。亚里士多德曾说："对于那些不得不在做之前学会的事情，我们应该在做的过程中学会它们。"体验学习是一种通过思考和反思个人的生活经验而获得的学习，这对于男孩来说尤其重要。

为了更好地帮助男孩成长，作为男孩父母，当我们理解了男孩需要通过身体进行学习的这个显著特点，就需要改变传统的教养男孩的观念和方式，为孩子创造更多的机会，开展更多的活动，创设更多的环境，提供更多的道具，用生活环境、亲身经历来教育他们，让他们多一些体验式的学习。

玩中学，才会乐学

男孩在幼儿早期生活的大部分时间，大都应该花在玩耍和游戏上，这类任务能够促进其大脑发育，通过切身体验来帮助他学习需要了解的知识。玩耍是孩子的脑力工作，像其他工作的人一样，孩子也需要一个合适的工作空间。男孩的大脑倾向于空间——机械游戏和学习，所以和女孩子的大脑相比，它总是"占用更多空间"。当被限制在狭小的空间时，男孩常常像热锅上的蚂蚁般坐立不安。

如果了解和尊重男孩的天性，我们就应该清楚，男孩天生就是爱玩的，他们的学习机会其实无处不在。这些机会就在孩子与孩子之间的嬉笑打闹中，就在每一天的吃喝拉撒中，就在亲子对话的一瞬间，就在偶尔的长途跋涉中，就在我们的日常生活中。

习主席出访英国时曾提到："中国孩子玩得太少了，要让他们多玩一玩。"德国著名教育家福禄贝尔也认为"游戏就是儿童成长的全过程"。对于幼儿阶段的孩子来说，尤其是男孩，主要任务其实就是玩耍和游戏。

一个对男孩成长更有利的学习环境，应该是一个拥有各种书籍、积木和玩具，并适合适当打斗的环境；一个需要配备充足的照明、拥有许多实用又有利于注意力集中的带有视觉刺激的环境。这样的一种环境，还可以鼓励并提供给孩子训练大动作行为和精细动作行为的机会，这一环境允许大量的身体运动。为了更好地学习，孩子们可以在这样的空间里自由活动，为孩子提供许多做出选择的机会。

事实上，玩和学，并非彼此对立，而是相辅相成。很多时候的玩耍其实就是学习。相应地，很多东西的学习也可以变得好玩。玩中学，看似在玩，实则在学。让孩子在玩中学、学中玩，既可以快乐地学到知识，也可以培养孩子的注意力、观察力、记忆力，同时孩子的想象力和创造力也得以充分发挥。

但很多父母总是认为，学习就应该是正襟危坐、装作苦恼的样子，学习就应该是考取证书、利于升学的敲门砖。其实，学龄前的孩子，在玩中学，才会乐学。斯宾塞曾说："孩子在快乐状态下的学习，才是最有效的学习。"在玩耍和游戏时，孩子处在最兴奋和快乐的情绪之中，此时的学习既好玩，又有效。

孩子在每个年龄阶段的兴趣点是不同的，学习的内容和方式应根据孩子不同年龄段的兴趣点来设计。幼儿阶段的男孩，应多以游戏互动的方式，通过玩来掌握应学到的知识，比如认字、数数等，而不应该让他们机械地、被动地学习。就像吃东西一样，孩子不爱吃的东西硬塞到他嘴里，未必真的能吞下去，即使咽下去胃也不一定好受。

我家二宝小雨现在四岁多，跟姐姐一样，幼儿阶段我们从来没有送他参加学认字、拼音和数学等培训班。但是，他现在却能认识一千左右的常用汉字，一些简单的绘本和故事书，基本上都能自己看懂，拼音大部分都已经会读，甚至还可以根据简单的拼音认读汉字，10以内的加减法也已经比较熟练。

而这些东西，我们很少刻意去教她，大多数都是在玩耍和游戏中学会的。比如说拼音，是他自己两三岁的时候经常看姐姐以前大班时候订的

"巧虎"，玩"巧虎"里面一套名为拼音城堡的学拼音游戏，这也是以前姐姐学拼音用过的。的确，这套游戏做得不错，两个孩子都很喜欢。

每个拼音字母，在玩具中都对应一个动物，用手指轻轻按一下，就会发出拼音来。于是，我们就轮流按照拼音字母的顺序点读，听到拼音之后，需要学这个动物的声音和姿势。在整个过程中，小雨和我们都玩得很开心。没过几天，他就能认识大部分拼音字母了。

环境对男孩的刺激作用很重要，男孩在幼儿阶段的学习离不开具体形象的实物或者图片，因为他们的抽象思考能力尚未萌发。同时，这也符合他们主要通过视觉、空间和体验进行学习的方式。因此，借助于自然环境与室内环境，对男孩进行恰当的教育，就会收到很好的效果。

一次体验，就是一次成长

对男孩来说，增长见识和亲身体验是非常好的成长机会。但部分家长却认为，小孩子什么都不懂，当孩子提出一些要求时，很容易立即否定，或者站在成人的角度去判断。殊不知，可能蕴藏的一次又一次成长良机，就这样轻易错过。

我所居住的小区，为了方便社区居民的生活，物业开办了一个社区食堂。二宝小时候，我们经常带他去参观食堂，却从来没有在食堂里面吃过饭。有一天晚上，他在食堂外面玩的时候，看见自己的一个同学刚好吃完饭从食堂开开心心地走出来，突然提出第二天要去食堂吃晚饭。我们毫不犹豫地答应了他的这个小小的要求，希望他能够去亲身体验一回在食堂吃饭的感觉。

第二天，我如约陪他去吃晚餐，所有的饭菜都由他自己选择，并让他自己付钱。虽然我们吃的东西跟家里做的相比，并没有太大特色，但我发现他一直吃得很开心，还不时称赞食堂的饭真好吃。

吃完饭后，按照食堂的要求，需要把餐盘和餐具放到统一的回收处。我当时正在看手机短信，根本就忘记了这回事。等我起身离开的时候，小雨立即叫住我："爸爸，这些餐具还没收好哦！"

经他这么一提醒，我突然想起了要自己收拾餐具的。于是，我马上把餐盘端到了回收处。这一幕，正好被负责清洗餐具的阿姨看到，连忙对他竖起了大拇指，还对他赞不绝口。我也马上表扬了他的及时提醒。小雨听到我们的赞美后，当然也很开心。

回家的路上，我问他："小雨，你怎么知道那些餐具需要自己收拾的？"

"因为我在吃饭的时候，看到其他人吃完以后，都是自己收的啊！"

"你真是一个好宝贝。观察很仔细，也很懂事。"再次听到我的称赞，他早已心花怒放，蹦蹦跳跳地跑回家。

回到家，我立即跟小雨妈妈分享了整个事情。她对孩子的这次经历感到很意外。没有想到，去食堂吃一顿晚餐，却让孩子懂得了很多东西，比如公共场所要遵守规则、讲究卫生，做事情要认真负责等。

从这件小事来看，我们应该多给孩子创造一些机会，让他们自己多去见识这个社会，去亲近大自然，去体验和人打交道的乐趣，去体验运动给人们带来的快乐，去体验各种想得到或者想不到的事情。孩子的亲身经历，往往胜过大人的无数次说教。

对于有些东西，孩子不一定看得懂，但他们一定感受得到；对于有些事情，大人不一定感到新鲜，但孩子可能会觉得有趣；对于有些经历，大人不一定得到收获，但孩子可能会刻骨铭心。

当然，由于每个孩子的性格特征和养育方式不同，他们去体验和经历的方式也会有所不同。我们需要根据自己孩子的特点，顺势引导和鼓励孩子多做尝试、多些体验。

有的孩子是善于冷静观察的，到一个陌生环境，他们会主动去看，去了解，去思考，而不急于融入其中，等到观察结束再择机进入。这样的孩子一般都比较理性。对于这种类型的孩子，我们需要耐心，也不用操太多的心，他们自己就会寻找尝试的机会。我们尽量做到少干涉或不干涉孩子的"冒险"举动，只需要帮助孩子尽可能排除潜在危险。

有的孩子是非常活跃的，不管到什么场合，他们会主动去融合，很快就跟周围的人打成一片。他们还会根据自己的喜好选择玩伴，如果没有选择，他们也会积极主动地和别人交流。这样的孩子是社交的高手，一般比较开朗和乐观。对于这种类型的孩子，我们根本不用操心孩子找不到机会去体验，相反应该告诉孩子什么是"适可而止"，怎样做到"见好就收"。

有的孩子却是胆小怕事的，到了一个地方，一般不会主动出击，往往喜欢沉浸在自己的世界里面，喜欢按照自己的方式来进行人际交往。这样的孩子一般性格内向，甚至不善言辞。对于这种类型的孩子，我们需要给孩子更多的赞美，甚至是帮助孩子去寻找一些"探险"的机会，主动引导和鼓励孩子多尝试新鲜玩意儿。

其实，不管是哪种类型的孩子，家长都有机会帮助他们通过亲身体验来收获成长。

对于第一种孩子，我们可以和孩子一起观察，交流心得，帮助他们思考得更全面、更深入；对于第二种孩子，我们可以告诉孩子，安静也是一种素养和能力，有时候不说话、不吵闹也能达到比说话和吵闹更好的效果；对于第三种孩子，我们要培养孩子的勇敢精神和主动意识，鼓励孩子主动探索这个世界，帮助孩子一起了解世界。

很多时候，孩子要的并不是一件具体的东西，而是要找一种感觉。而每一次经历、每一次体验，可能就蕴藏一次成长的机会。在男孩们接触社会、接触自然的过程中，我们要把这个过程看作他们学习的好时机。活的教育从来都不是一本正经，而是从点滴小事积累，在日常生活中进行的。

教养贴士： 在男孩们的世界里，天马行空的想象、不着边际的幻想，是司空见惯的事情。孩子的想象力和创造力，其实是与生俱来的。但很遗憾的是，在孩子身上随处可见的想象力，却随着年龄的增长而逐渐减弱。

请呵护我的天马行空！

"我的梦想是当超人，有坏人来侵略地球时，我可以打败他。""我的理想是成为一名吃货，把所有好吃的都吃个遍。""我的理想是当一名大侠，背着一把剑走天涯。""我的理想是成为世界首富，拥有所有好吃的好玩的……"

在男孩们的世界里，天马行空的想象、不着边际的幻想，是司空见惯的事情。在男孩们的生活中，想象游戏是正常而健康的事情。想象游戏不单单是男孩给自己找乐子的一个过程，想象力还能够引导其他形式的学习和道德的培育。

无论小男孩，还是青少年男性，都喜欢生活在他们的想象中。从角色扮演、想象游戏到做白日梦，男孩们很大程度上依靠自己的想象力来处理和化解内心的冲突。想象力也是一个孩子情感、心理和精神发展的重要组成部分。

其实，对于每个人而言，想象力都是非常重要的，尤其是涉世未深的孩子。南方科技大学校长朱清时曾说："真正优秀的人，首先应该有想象力。有想象力，才会创新。"

孩子的想象力和创造力，其实是与生俱来的。但很遗憾的是，在孩子身上随处可见的想象力，却随着年龄的增长而逐渐减弱。拉塞尔·卡森在《笔记大自然》这本书的封底上说："在小孩子的眼里，世界是新奇而美丽的，充满了希冀与刺激。不幸的是，我们很多人在长大成人之前，我们那双感受美丽和神奇的灵眼，就已经被蒙蔽或是变得暗淡了。"

目前的学校教育过于追求标准化，正在不断抹杀孩子的想象力和创造力，这已经成为全球性的问题。这可以说是导致孩子想象力和创造力被毁坏的一个非常重要的原因。

比如，绝大多数低年级孩子说的和写的文字是最好的，因为真实、自然、准确。但到了高年级阶段，真实、自然会不断地被毁坏，本来自然纯真的词语会被陈词滥调所取代。因为我们的语文教学方式，迫使老师和家长都把追求标准答案和高分作为学习语文的唯一目标。阅读理解只能有一种标准答案，甚至写作文要求孩子背范文。

最后的结果是，分数比孩子的想象力更重要，"八股文"比真实、自然的文字更容易得高分。因此，孩子们的想象力被平庸化，被格式化，被标准化。而那些真实、自然、准确的文字，通通被能够得高分的标准答案式的陈词滥调所取代。

除了学校在无情扼杀孩子的想象力，很多家长无形中也成了幕后帮凶。我们总是习惯从自己的角度来看待孩子的行为。符合自己想法的，孩子就是好的；不符合自己想法的，孩子就是有问题的。但孩子的思维总是天马行空，行为总是很少循规蹈矩，他们的世界是无比纯真的，他们的创造力是不可限量的。

对于孩子的大胆想象，我们不要轻易根据成人的标准来判断。如果以孩子的视角看待，通过引导的方式，大人们可能会发现我们的孩子比我们更有想象力，更善于独立思考。

如果孩子的大胆想象经常遭到家长的当头棒喝，他就会丧失想象的动力和勇气。相反，如果孩子的每一次胡思乱想都能得到家长的尊重和呵护，并进一步做好引导，他的想象原动力就会持续保有。

在应试教育这根指挥棒的牵引下，目前要寄望于学校教育的改变来扭转这一现实，似乎不太可能。作为男孩家长，如果我们能够做些努力和改变，则完全有可能让男孩们多保留一分想象力和创造力。

回归童心，充分尊重孩子的"胡思乱想"

如果父母在陪伴孩子成长的过程中，能够始终保持一颗童心，能够经常从孩子的视角出发看待儿童世界中的很多东西，那么就一定能保护好孩子的想象力和创造力。

其实，只要我们用心记录孩子说过的妙言趣语，就会发现，每个孩子都是语言表达的高手。他们会用富有想象力的语言恰当地描绘每一件事情，常常让大人望尘莫及，甚至甘拜下风。

"妈妈，我的肚子好难受，里面好像有很多小鱼，它们还在吐泡泡呢。"

"哎哟，有一条鱼吐了一个好大的泡泡！"

有一天，邻居家的一个小孩因为肠胃感冒，上吐下泻，肠腔内的水分过多，外加肠蠕动也增加，肚子里一直有"哗啦啦"的声音，孩子用非常形象的语言告诉妈妈，描述自己的不适症状。当孩子妈妈跟我讲起时，令我捧腹大笑。

幼儿阶段的孩子，虽然尚未掌握丰富的词汇，也没有积累大量的知识，但他们的语言却是很真实、很自然的，甚至是很准确的。这就跟孩子天然的想象力密不可分，很多孩子的想象力远远超过成人。他们往往眼观六路、耳听八方，所思所想基本上都是原生态的，脱口而出的童言稚语，常常令华而不实的成人语言相形见绌。

很多家长，在面对孩子时，却总是习惯从成人的角度来看待孩子的行为。凡是符合自己想法的，孩子的想法就是好的；凡是与自己想法相悖的，孩子的想法就是有问题的。但孩子的世界是纯真的，孩子的想象力和创造力也总是源源不断奔腾不息的。

同时，我们还要明白，每个孩子都是独一无二的，他们陆续降临到这个世界，就是一个又一个孤品，绝没有完全相同的两个孩子，即使是双胞胎，也会有很多不同。就像水果一样，它们本来有的是橘子，有的是梨子，有的是苹果，而且每棵树上长出来的果实，都不可能找到一模一样的。

正是因为我们忽视了每个孩子的特性和差异，很多时候就会在无形中扼杀孩子的想象力和创造力。要保护孩子的想象力和创造力，家长首先要有想象力，要有独立思考，要敢于创新。要做到这些，就需要让我们自己再重新做一回孩子，回到童年的记忆，回归儿童的世界。

越是低龄段的孩子，奇思妙想、胡思乱想就越多。家长秉持鼓励还是否定的态度，就显得至关重要。如果孩子们的想法经常得到大人的鼓励和肯定，他们的思想火花就会越燃越旺；反之，孩子们的思维就会逐渐被禁锢和僵化。一旦孩子们失去了想象的翅膀，也就不会有创造力的源泉。

保持耐心，认真对待孩子的每一次提问

要保护孩子的想象力，我们还需要鼓励孩子的提问，尊重孩子的质疑精神。发问和质疑是开启想象力的大门，能够提出问题和能够解决问题是

同等重要的事情。

诺贝尔奖获得者赫伯特·布朗，是一个美籍犹太人，他曾经说过："我的祖父经常会问我，为什么今天与其他日子不同呢？他也总让我自己提出问题，自己找出理由，然后让我自己知道为什么。我的整个童年时代，父母都鼓励我提出疑问，从不教育我依靠信仰去接受一件事物，而是一切都求之于理。可能就是这一点是犹太人的教育比其他人略胜一筹的地方吧。"

犹太家庭不但重视知识的传授，还特别重视想象力的激发和创新精神的培养。他们把只有知识却没有创新的人喻为"背着很多书本的驴子"。他们崇尚创新，认为没有创新的学习只是一种模仿，学习应该以思考为基础，要敢于怀疑，随时发问。知道得越多，就越会发生怀疑，而问题也就随之增加。因此在犹太人家庭里碰到放学的孩子，第一句话就是："你又提问题了吗？"

哈佛大学有句名言："教育的真正目的就是让人不断地提出问题、思索问题。"提问的能力，不仅能够体现一个人的思考力、洞察力以及快速分析问题和解决问题的能力，更能够体现一个人不盲从的理性和积极主动的态度。其实，善于提问题，比回答问题更重要，它能启发人的思维和发掘人的智慧。而批判性的提问是搜集信息和寻找答案的最好方法。

要想成为一个善于批判性地思考的人，就需要对自己遇到的一切不断提问。对于男孩来说，需要具有强烈的好奇心和探究欲，才会对身边的很多东西产生疑问，并在提问的过程中不断思考问题的答案。

从一岁多开始，随着男孩语言能力的发展和自我意识的萌芽，大部分男孩就会成天缠着大人问各种各样的问题，而且很多问题在大人眼里都是很"弱智"或者很古怪的问题。而他们最喜欢问的就是"为什么"。无论孩子问的问题多么幼稚或者可笑，作为父母，我们都需要认真对待他们的每一次提问，呵护孩子的好奇心和探究欲。对于学龄前后的男孩，我们还需要尽可能引导孩子自己寻找问题的答案。

我的儿子小雨从小就喜欢问大人各种问题，我们一般都会耐心细致地回答，或者跟孩子一起找到问题的答案。但大人的精力和时间毕竟有限，如果我们稍不注意，就有可能打击孩子提问的积极性。

对于孩子的提问，我坚持的原则就是百分之百地及时回应。无论孩子问什么样的问题，我都会马上回应孩子。只要我能够回答的问题，我就会引导孩子一起跟我探索最终的答案。如果遇到我也不知道的问题，我就会立即告诉孩子："这个问题，爸爸也不知道呢。我们一起上网查一查，好吧！"然后，我就引领孩子一同去探寻最后的答案。即便最后还是无法解答孩子的那些过于"刁钻"的问题，但只要我们实事求是地告诉孩子，这个问题我们无法回答，也算是对孩子的最终回应，也能呵护孩子那颗好奇、喜欢探究的心。

此外，父母和孩子一起看书时，也可以多问孩子一些问题，比如："这辆消防车和那辆公共汽车哪一个高？为什么消防车看起来比公共汽车还高呢？""如果河马从河边走过来，是变大还是变小？"父母可以根据故事情节、画面的内容和孩子年龄的大小，设置一些孩子能够理解的问题，引导孩子边读边想。

当然，我们还可以进一步根据日常生活对孩子提问："当汽车离我们越来越远和越来越近时，看起来会有什么不同？"这样，就把书中的内容和现实生活结合起来，拓展了孩子的思路，激发了孩子的独立思考。

玩想象力游戏，为孩子插上想象的翅膀

瑞士著名的儿童发展心理学家皮亚杰，通过多年的观察发现，儿童的游戏要经历三个阶段：练习性游戏，象征性游戏，规则性游戏。

练习性游戏，在孩子出生后的两年内出现，这类游戏的主要特点是对各种动作的重复再现。比如，一次次地把刚垒高的积木推倒重来，一遍遍地推着小车来回走，乐此不疲。

象征性游戏，即模仿游戏，出现在幼儿园时期或者说学前阶段，所获得的最主要的认知发展能力就是学会使用不同的象征。儿童常常模仿成人的活动，如"过家家""小医生""小警察"等，装扮成想象中的角色。

规则性游戏，从孩子六七岁开始出现，代表规则意识的萌芽。随着孩子年龄的增长，孩子已经学会选择玩伴，变化玩的方式，选择玩的时间，改变玩的空间和环境，约定协商玩的方法等。

我们可以根据孩子所处的不同阶段，选择适合孩子玩的想象力游戏。下面推荐几种玩法：

1.随意想象

看到什么就联想什么，比如，看到一只猫，就从猫联想；看到一本书，就从书联想。

2.图形想象

画一些简单的图形，比如圆形、方形、三角形等，让孩子想象"这是什么"，而且还可以一边想象一边绘画。

3.故事想象

随便说出几样东西，然后跟孩子一起编个生动有趣的故事，比如猎人、兔子、乌龟与狐狸。

4."云"的想象

云是大自然的产物，是想象的绝妙材料。我们带孩子外出的时候，可以边行走，边看云，边想象。

5."如果"的想象

"如果"本来就是用来假设的，假设就是一种想象。跟孩子一起玩

"如果"的想象:"如果没有水了,世界会怎么样?""如果人长三只眼睛,会怎么样?""如果人也能飞,会怎么样?""如果鼻子长在头顶上会怎么样?"……

6."感觉"想象

将不同的感觉联系起来。可以将视觉与触觉联系起来,抚摸不同的东西来想象其形象、色彩,比如摸到柔软的想到粉红色,而摸到坚硬的想到灰色等。另外,还可以将"色彩"与"情绪"进行想象,比如用黑色表示恐惧,用红色表示兴奋,用蓝色表示忧郁等。这样的游戏不但丰富了想象力,也教会孩子用色彩来表达情绪、用图画来表达意愿。

教养贴士： 男孩在空间能力上的优势，早在 4 岁前就已经出现，并且将持续一生。男孩的大脑天生适合处理空间关系，他们也是空间学习者。作为男孩父母，就需要从小给他们创造更多的空间学习机会。

我有很强的空间感！

心理学有研究表明，在空间能力上，男孩的表现总体优于女孩。具体来说，主要表现在这两个方面：男孩善于做出视觉和空间推断；男孩善于对图画信息进行心理操作。

男孩在空间能力上的优势，早在 4 岁前就已经出现，并且将持续一生。这一点在找路这件事上体现得尤为明显，无论步行还是开车，大多数成年男性的方向感都比女性要强很多。只要以前走过一次的路，男人一般下次都能自行找到，而女人多半还要依靠导航才能走对。

其实，男孩的大脑天生适合处理空间关系，他们也是空间学习者。因此，小男孩们特别喜欢和擅长玩乐高玩具和积木，大一点的男孩在数学、物理等理科学习方面更有优势，成年男人在数学和科学等领域更有建树。这些科目需要较强的解决问题的能力、空间想象的能力、动手操作的能力。

理解了男孩的这一显著特点以后，作为男孩父母，就需要从小给他们创造更多的空间学习机会。

积累方位类词汇，培养男孩的空间认知能力

有一项实验，研究人员先给一组婴儿听含有很多方位词汇的句子，比如"我把书放在书桌的中间了"，给另外一组婴儿听不含方位词汇的句子，比如"我把书放在这里了"，最后再给宝宝们做空间认知测试。

研究结果发现，听到更多方位词汇的那一组婴儿，他们的空间认知测试的分数都更高，而且过几天再做同样的测试，方位词汇组的那些孩子们还是表现得更好。

如果我们在跟男孩交流过程中，运用更多的方位类词汇，他们就会更加关注关于空间位置的信息，他们对空间的认知和理解就会更深，以后对空间和方位也会更敏感。孩子的方位类词汇掌握得越多，他们的空间认知能力就越好。

所以想要培养孩子的空间认知能力，首先就要让孩子从小学习和积累更多的方位类词汇，中文、英文都可以。

在中文里面的方位类词汇，主要有这些：上、下、左、右；前、后、内、外；中间、旁边；东、西、南、北。当然还可以由此派生出很多方位词，比如：左上方、左下方、右上方、右下方；左前方、左后方、右前方、右后方；东南方、东北方、西南方、西北方。

我们并不需要一本正经地去教孩子认识这些方位类词汇，而可以完全将其融入日常生活中。我家二宝小雨一岁多的时候，我就开始在陪他玩的过程中，教他认识自己的左手、右手、左脚和右脚。比如，给他穿衣服的时候，就告诉他伸出左手；给他洗脚的时候，就告诉他正在洗的是右脚。

那个阶段，他可能并不明白类似上下左右这样的方位的概念，但语

言能力的发展首先需要大量的输入，到了一定阶段孩子自然就会大量输出。后来到了三岁左右，我们就发现他基本上能分清上下左右了。而大宝伊伊小时候，由于我们没有怎么关注这个方面，所以大约到了五六岁的时候，才基本能搞明白这些方位。

当然，我们平时在跟孩子对话时，就可以适当地跟孩子多说一些方位词，比如："宝贝，请帮我把书桌右边那本书拿给我，好吗？"更大一点的孩子，还可以在外出的时候，教他们东南西北的方位。比如我们带孩子出门去超市买东西的时候，也可以有意地引导他关注方向："宝贝你看，超市在我们家的东边，我们家在超市的西边。"

这些对话和问题虽然看起来很简单，仅仅包含了"左右""上下""东西"等方位词，但孩子们靠着这些对话场景中的方位词线索，就能去推理"上"的相反方向是"下"，"左"的相反方向是"右"，"东"的相反方向是"西"。这些方位词在三维空间里就是立体的对应关系，孩子的空间思维逐渐就会向立体空间发展。

多玩建构类玩具，训练男孩的空间推断能力

2016年有脑成像研究结果发现，让一群孩子玩5次建构玩具，每次30分钟，12天后研究人员再测试孩子们的大脑，发现孩子大脑里记录空间关系的顶叶区更加活跃了，而且孩子们的心理旋转测试也进步了。心理学有研究表明，建构类玩具能够有效培养孩子的精细动作、发散性思维、语言能力和空间认知能力。

如果我们要给男孩买玩具，建构类玩具就可以作为首选。当然，现在的小男孩对乐高是情有独钟，然而建构类玩具并不局限于乐高。其实，积木类玩具、橡皮泥类的玩具，都可以让孩子自由组合出各种形状，达到玩

建构类玩具的目的。

现在的儿童玩具几乎是应有尽有，那么，究竟哪些玩具属于建构类玩具呢？

1. 普通积木

对于两三岁的孩子来说，积木是非常好的认识立体形状的工具。一般的积木组合中都会有立方体、长方体、圆柱体、圆锥体、半圆柱、三角体、拱桥等立体形状。在搭建比较简单的积木时，孩子主要通过拿和放这两个动作就能轻松完成，对运动技能的要求不高。随着年龄的增长，孩子的搭建技能逐步提高，运动技能逐渐增强，搭建出来的成果就会越来越复杂多样。

2. 乐高积木

乐高积木如今可谓家喻户晓。与普通积木不同，乐高积木属于积塑类玩具，除了拿和放这两个简单动作，还需要"对、插、拔"等精细动作。这类玩具对孩子的手眼协调能力以及手部肌肉力量都有一定要求，所以一般两岁内的孩子都很难独立完成搭建。乐高积木对培养孩子的空间推断能力特别好，但立体形状不够丰富，在培养孩子的立体形状认知方面不如普通积木。

3. 雪花片

雪花片很简单，玩起来也很容易。一个圆片上有八个插口，完全可以根据孩子自觉的想象变成各种各样的东西。越简单的东西，其实越能激发孩子的创造力和想象力。在玩的过程中，孩子们可以随意发挥自己的想象，没有固定的玩法和套路，这对于培养孩子的空间想象能力也是非常好的。

4. 磁力片

磁力片由于磁力的存在，玩起来简单方便，所以一岁多的孩子就可以自己玩了。同时，磁力片色彩非常丰富，搭建出来的东西十分美观，这也是很容易吸引小朋友的地方。磁力片不仅可以搭建各种各样的平面形状，还可以搭建立体形状。它是通过一片片的平面图形，搭建出来的立体形状，因而对孩子的空间想象能力和空间推断能力要求更高。

上面仅仅是列举的我认为比较好的几类建构类玩具。当然，除此之外，市面上还有很多种其他建构类玩具，男孩父母可以根据自己孩子的特点和偏好，选择适合自家孩子的建构类玩具，陪孩子一起多玩玩。

无论孩子玩哪种建构类玩具，我们在和孩子交流的时候，都可以把前面说到的方位类词汇加上，比如，"你把这块积木放到右上角"。多运用方位类词汇与孩子沟通，可以进一步发展孩子的空间认知能力。

通过手工和画画，提升男孩的空间想象能力

做手工和画画，不仅有利于培养男孩的手眼协调能力，而且对培养男孩的空间感也很有意义。给孩子一张纸，让他折出或画出各种形状，出现不同的形状、不同的样式。一张平面、单调的纸变成一个立体、生动的图形，在这神奇的转变中，孩子们也加深了对空间的理解。

这里推荐几个通过手工和画画，可以帮助提升男孩空间想象能力的小游戏：

1. 我的房间我来画

让孩子试着给自己房间画一张平面图。首先是俯视图，然后从孩子自己选择的角度再画一张，重要的是注意物体之间的正确比例关系。家长可以为孩子买一张刻度纸、短尺和长尺，再教孩子一些比例尺的知识，比如实际物体的1米长度相当于图纸上的2厘米。

而房间内的家具，可以按比例画好后，再剪下来，然后贴到房间的图纸上面。这样就可以通过随意移动各个家具摆设的位置，让孩子大胆地将房间"重新布置"了。或许孩子最后会发现，房间真的可以焕然一新。

2. 我的城市我来建

父母和孩子一起绘画或搭建一座城市的一部分或一座花园，可以使用乐高积木或是木头积木，甚至是一些废旧物品。空间的想象这时尤为重要，例如事先想好各个建筑物的高矮大小，或是花园的各种树木和花坛的关系。另外可以让孩子尝试画一下，住在这座搭建的城市或是花园的人，从他们的角度所能见到的东西。

3. 立体图形多画画

在孩子平时涂涂画画的时候，父母可以试着加入一些立体图形的元素。比如，让孩子画一个球体或是立方体的立体图，接着画茶杯、锅碗瓢盆或是积木搭建的房子，最后就可以尝试画真正的房子。在画大型物体的立体图时，让孩子注意自己的视角，还有地平线的消失点，远近距离和图纸上线条之间的比例关系。

4. 我是小小建筑师

当孩子运用不同的材料，按照自己的想象搭建房子或是其他东西时，他的空间思考能力就可以在无形中得到提高。

让孩子尽情地搭房子、桥梁或是铁轨，造飞机、轮船等，而且可以鼓励他运用不同的材料，如木块、乐高积木，甚至沙土或是硬纸卡等。孩子在发挥想象的同时，也要让他明白怎么将构图变成真正的牢固的实物，需要从哪几方面考虑。

如果房子造得又高又窄，那么就很容易垮掉；假如造得太宽，那么中间的房间容易光线不足；而太扁平的建筑物，则占用太多空间。用乐高积木做一辆车子，假如车身太窄，转弯时就容易侧翻；车身太宽，就不适合在正常道路使用；车身太长，转弯或是停车就会很不方便。

当孩子在天马行空的同时，也会了解到实际运用上会有哪些局限，从而在尝试改进之后，做出最棒的作品。

善用地图和地球仪，增强男孩的空间感

地图和地球仪，都是按照东西南北的方向制作的。从小让男孩多看看各个地方、不同城市的地图，多玩玩立体的地球仪，他们的方向感和空间感就会日益增强。

在每个男孩的家里，地球仪、全球地图和中国地图需要放在孩子随手可得的地方。同时，所居住城市的大地图，爸爸妈妈家乡的地图，全家人到各地旅游或出差搜集的地图，都可以成为男孩们的"玩具"。当然，现在通过手机或平板电脑，同样可以很方便地让孩子看到全世界各地的地图。

对于孩子而言，如果地图画得特别有趣，那么他们就会爱不释手。几年前，有一本名为《地图（人文版）》的手绘世界地图曾经风靡一时，很多父母都给孩子买回家。当我们刚买回家的时候，两个孩子都非常喜欢，经常看得入神，甚至达到废寝忘食的程度。

它介绍了七大洲、四大洋、南北极和42个国家，是一本不同于一般地图的地图。这既是一本地图，但又像是一本精美的绘本。书中绘本式地呈现了边界、城市、河流、险峰，呈现了有代表性的动物、植物、历史、人文名胜、文化事件和很多与当地有关的奇妙趣闻。它以引人入胜的细节、柔和别致的时尚色彩、俏皮的笔触，描绘出了地球的可爱，是儿童认识地球和世界的工具性绘本，是为地图爱好者奉上的一场视觉盛宴。

PART

II

我比女孩更难养!

　　"男孩比女孩更难养",已经成为大多数人的共识。作为男孩父母,我们经常会遇到这样的困惑:他们不听话,性子急,自控力差,爱磨蹭,爱偷懒,爱玩电子产品,不喜欢阅读……这些都是他们的天性使然。其实,男孩成长过程中的每个问题就是一次机会,只要父母用心了解和观察自己的孩子,用心陪伴孩子的成长,男孩真的不难养!

教养贴士：男孩最重要的生存本能就是揪住妈妈不放、依恋妈妈，哭泣、吮吸、微笑、随时跟着妈妈。从出生到6岁这个年龄段，男孩是属于母亲的。他是"她"的孩子，也是"她"的小情人。

我是妈妈的"小情人"！

家有男孩的妈妈，大部分都会遇到类似这样的困惑："儿子就像跟屁虫一样，不管我走到哪里，他就跟到哪里。我离开半步，他就会哇哇大哭，四处寻找，感觉就像要了他的小命一样。这可怎么办啊？"

这就是通常所说的"儿子黏妈妈"的典型表现，这个问题也是通常所说的"分离焦虑"。分离焦虑是一种很正常的现象。大约8个月左右的时候，当男孩的大脑发展成熟到虽然他看不见你，但知道你的存在时，分离焦虑就产生了。当他看不到你的时候，他的大脑会想象出你的样子。然后，他就开始真正想你，并感到害怕。分离焦虑可能会持续几年后逐渐减弱。

其实所有的孩子，生来就是黏妈妈的，只不过在男孩身上体现得尤为明显。男孩最重要的生存本能就是揪住妈妈不放，依恋妈妈，哭泣、吮吸、微笑，随时跟着妈妈。开始的时候，他们用眼睛，然后开始转头，再然后就是用双脚。

在人生的第一年里，男孩会花大量的时间呼叫妈妈、紧跟妈妈，当妈妈没有及时对他做出回应的时候，他还会通过哭闹等方式强烈抗议。他也将成为妈妈最忠诚的粉丝。

而从出生到6岁这个年龄段，男孩是属于母亲的。他是"她"的孩子，也是"她"的小情人。虽然父亲在其中也扮演了非常重要的角色，但他还是属于她的。在这一阶段，父母的任务是让孩子在爱的包围下安全地成长，让这一阶段成为男孩成长过程中温馨的一站。

对于那些襁褓中的婴儿和蹒跚学步的孩子来说，他们最需要的就是与父母中的至少一方形成一种特殊的亲密关系。通常而言，这个人就是妈妈。这是因为妈妈从小就给孩子喂奶，经常抱着孩子、亲密抚摸孩子，在看护孩子时更有耐心。大多数妈妈通常性格温和、慈祥可亲，能给孩子提供很强的安全感，能为孩子提供所需的一切，所以妈妈就是与孩子建立亲密关系的最合适人选。

孩子与父母建立的这种亲密关系，用心理学上的一个术语就叫"依恋关系"。依恋关系是指孩子与主要养育者之间形成的一种相互、持续的情感联结。从进化角度来看，良好的依恋关系有助于婴幼儿适应，确保他们的心理社会需要和生理需求得以满足。孩子与主要抚养人之间形成的依恋关系，影响他们的情绪、社会和认知能力的发展，并伴随他们成长的全过程。

美国心理学家玛丽·爱因斯沃斯通过陌生情境测验，对婴儿的依恋关系进行观察。根据婴儿在陌生情境中的反应，依恋关系分为四类：安全型、回避型、矛盾（对抗）型、紊乱型。

对养育者形成的安全依恋能促进探索行为的发展。玛丽·爱因斯沃斯认为，依恋对象是探索行为的安全基地。婴儿能从这个安全基地出发，轻松自如地到别的地方去探险。男孩需要花一段时间去感受和体验，直到他认为足够安全可靠的时候才会离开妈妈的身边，独自去"探险"。也就是说，安全型依恋关系会给男孩带来积极的分离，减少分离焦虑。

孩子和养育者之间的依恋关系越接近安全型，他们越容易与他人形成良好的关系。安全型依恋的儿童不仅形成了对其养育者的信任，也相信自己有能力获得想要的东西，会获得足够的自信去积极主动地探索世界，从而引发孩子的自觉服从意识和行为。

0～3岁，是建立依恋关系的关键阶段

0～3岁是孩子与养育者建立依恋关系的关键阶段，尤其是1岁以内。心理学家埃里克森认为，出生后第一年是形成依恋关系的关键时期。他的"毕生发展"理论提出一个人的毕生发展会经历八个阶段，其中出生后的第一年恰好对应"基本信任对不信任"的阶段。在这个时期，婴儿必须对满足他们基本需要的人产生信任感。

依恋并非突然产生的，而是经过一系列阶段发展出来的。根据约翰·鲍尔比对依恋的研究，依恋关系的形成要经历四个阶段：

阶段一：出生到2个月。

婴儿的依恋集中地指向人的形象。陌生人、兄弟姐妹和父母都可以引发婴儿的微笑或哭泣。

阶段二：2个月到7个月。

随着婴儿逐渐学会分辨熟悉和不熟悉的人，依恋固定在一个对象上，通常是主要养育者。

阶段三：7个月到24个月。

发展出具体的依恋。随着运动技能的增长，婴儿积极地寻求与最熟悉的养育者之间的接触。

阶段四：24个月以后。

儿童开始能够觉察到他人的感受、目的和计划，并在行动时考虑到这些内容。

为了让孩子与自己形成安全型的依恋关系，父母需要注意以下几个方面：

★ 敏感性：父母能准确察觉婴儿的信号，恰当而且及时地对孩子的需要做出反应。

★ 相互性：父母和孩子相互之间形成积极和谐的互动关系，母亲和孩子的互动主要集中在喂食、换尿布、洗澡等养育行为，父亲与孩子的互动则更多地体现在玩耍和游戏中。

★ 同步性：父母给孩子同等的社会交往，让他们结交更多的玩伴。

★ 积极的态度：父母对孩子表达积极的情感，接纳、喜爱孩子。

一个独立自主的私密空间，让孩子学会独处

为了跟孩子形成安全型依恋关系，妈妈要做的事情就是尽可能顺从他的浓情蜜意，多花时间陪伴在他身边。但是，这并不意味着从此就让孩子不顾一切地黏着妈妈，从而保证他跟妈妈有安全的依恋。

最佳的做法是欣赏他、跟他玩、看着他、喜爱他。一旦孩子到了7个月左右，可以自己坐起来玩玩具了，他就需要适当体验一下孤独是什么样子的——只需要妈妈在旁边，但不需要抱着他或者跟他亲密互动。其实男孩的安全感来自于他与妈妈的亲密关系，他知道你就在那儿，随叫随到。

妈妈们要知道，你的孩子就是一个小小的探险家。在他的内心深处，

他想要离开你，独自去探索这个世界。可能会经常出现这样的情况，他既想黏着你，又想自己去尝试新的东西。对于探索过程中取得的每个成功，你都应该及时给予肯定和鼓励，久而久之，他的心里就会充满爱和安全感。

心理学家埃里克森将18个月到3岁这个阶段确定为毕生发展的第二个阶段，即自主性对羞愧和怀疑，以从外部控制到内部控制的转变为标志。埃里克森认为，在信任他们的照顾者之后，婴儿开始具有自主性和独立性，他们开始意识到自己的能力。

儿童必须学会自主——自己吃饭、穿衣、保持清洁等，不能形成这种独立性将使儿童怀疑自己的能力，觉得羞愧。当父母允许他们做出合理的自主选择而不过于限制、嘲笑时，自主性便形成了。

一个自主性比较强的孩子，才能逐渐学会自我约束、敢于表达自我意志，最终学会自我管理。当孩子的行为和情绪从以外部控制为主转变为以内部控制为主时，就标志着他的自我控制能力已经具备。

让孩子成为一个独立自主的人，是每一位男孩父母的必修课。培养男孩的独立性和自主性，开始得越早越好，而两到六岁这个阶段是最为关键的时期。

从一岁左右，我们就需要为孩子创设一个独立自主的成长空间。比如，给孩子搭建一个他喜欢的儿童帐篷，就可以让孩子拥有属于自己的私密空间，为孩子创造"我的地盘我做主"的成长机会，并让孩子适应一个人独处，逐渐培养孩子的自主性和独立意识。

父母需要告诉孩子，这个小小的儿童帐篷里面就是属于他自己的私密空间，未经他的许可，任何人都不能擅自闯入。每天可以给孩子安排半个小时左右的独处时间，让孩子一个人在自己的地盘尽情玩耍，大人不做任何干预。天气不冷的时候，还可以鼓励孩子在自己的私密空间里面独自睡个午觉，父母根据气温高低为孩子铺好软垫、盖好被子。

如果家里有了这样一个可供孩子独处的私密空间，妈妈们就大可不必担心分身乏术了。当妈妈需要做饭、打扫卫生的时候，就让那个"小情人"乖乖地去自己的小天地里面自由玩耍；当妈妈需要出门购物、与闺蜜约会的时候，就事先告诉孩子你将要去干什么、大概离开多久，建议他多待在自己的小帐篷里一个人玩。

全职妈妈，有利于安全型依恋关系的形成

随着育儿观念的转变和收入水平的提高，人们发现，身边越来越多的妈妈毅然放弃了自己的工作和事业，选择在家专心养育孩子。有调查显示，全职妈妈的比例每年都在上升，而其中不乏大量高学历、高收入的全职妈妈。在国外，全职妈妈其实早已不是什么新鲜名词，因为生育孩子或孩子太小需要照顾而主动辞去工作、专职在家带孩子的妈妈大有人在。

我们不禁会问：为了孩子，放弃事业、放弃工作，选择做全职妈妈，真的值得吗？答案显然是肯定的。尤其当孩子还处于婴幼儿时期，妈妈的陪伴和照顾越多，对孩子的成长越有利，孩子与妈妈之间越容易形成安全型依恋关系。

如果家庭经济条件允许，依靠爸爸一个人的收入就能支撑全家的生活，妈妈可以选择暂时放弃自己的工作，在家当全职妈妈，尤其是在孩子出生到入园的这段时间。如果妈妈能够在家专心养育孩子，孩子就更容易成为安全依恋型的孩子。

全职妈妈除了照顾孩子的生活、负责孩子的衣食住行以外，更需要了解科学的教育理念，学习正确的育儿知识，探索适合自己孩子的教育方式，充分发挥家庭教育的功效。所以，全职妈妈不能只待在家里照顾孩子，应该走入社区、走向社会进行学习和交流，政府也应该提供相应的育儿课程

供她们选择,帮助她们学习和成长。能够接触到更多的人,经常与别人进行交流和探讨,也可以避免很多全职妈妈最大的顾虑,即离开社会太久会跟社会脱节。

当然,全职妈妈也不是要一直当下去的,因为孩子是要独立的,希望有自己的空间。父母也同样需要自己的空间,要追求自己的生活。很多全职妈妈有这样的认识误区,自从有了孩子以后,全世界只有孩子,家里面的一切核心就是孩子,最后连自己的生活空间都没有了。这样的心态也是有问题的,当孩子一天天长大,家长就会逐渐不适应,更有甚者还会出现心理疾病。我们要知道,孩子是独立的人,我们也是,孩子不是为我们而活,我们也不是为孩子而活,每个人都要为自己而活。

别把孩子轻易送去上全托

如今,已有越来越多的年轻父母:一方面,他们需要对付总是忙不完的工作和事业,另一方面又需要接送和照顾孩子。因此,一部分父母就会为是否送孩子去上全托而纠结不已。

把孩子全托在幼儿园或早教机构,自己确实省了不少心,孩子却极有可能留下一个梦魇般的童年,从而影响孩子与父母之间安全型依恋关系的建立。从全托制度的本意来说,它并不是出于促进孩子身心健康发展的角度来考虑的,更多是为了满足部分年轻父母的需要,也是少数家长迫不得已的一个选择。

从依恋关系和孩子性格的形成来说,孩子的成长是通过与家庭、幼儿园及社会环境的互动完成的。上全托的孩子,大部分时间都是与幼儿园的小朋友和老师一起度过的,跟家庭及社会环境的接触相对就很少。

其实,对于学龄前的孩子来说,最重要的是让他们每天感受到父母那份深深的爱和浓浓的情。如果没有这份关爱，缺少那份亲情，孩子就会缺乏安全感，甚至有被抛弃的感觉。这也不利于形成安全依附的人格形态。

如果家长不是万不得已，在幼儿园阶段甚至是小学阶段，都不要轻易让孩子在学校寄宿。虽然孩子周末都能回家与父母团聚，但一周一次的见面，对于成长中的儿童来说，还是远远不够的。

对于这个年龄段的孩子来说，跟父母之间的亲子时光，再多都不算过分。当孩子的心理需求没有得到满足的时候，他们的心灵就很可能会受到伤害。而有些伤害，会给孩子带来一生的阴影，可能成为孩子人生中永远无法抹去，但又不愿触碰的禁区。

别让孩子成为城市里的"留守儿童"

农村的留守儿童如今已成为社会关注的一个群体。当我们在关注农村的留守儿童时，其实在城市里仍然有一部分儿童过着跟农村留守儿童差不多的生活。他们要么长期跟老人居住，与父母两地分居；要么平时跟老人住在一起，周末跟父母一起生活。前者是孩子跟父母生活在两个距离较远的城市，后者是跟父母生活在一个城市，距离相对较近。不管哪种情况，在我看来，这些孩子完全算得上是城市里的"留守儿童"。虽然目前还没有这部分"留守儿童"的统计数据，但应该为数不少。

对于跟父母分居两地的城市家庭来说，建议父母尽可能把孩子带在自己身边。如果父母双方工作都比较忙的话，那么就尽量把老人接到自己工作的城市，让老人帮忙照顾孩子的日常生活。

无论是身边的朋友还是网友，已经有太多家长向我咨询时跟我聊到，三岁之前把孩子完全交给老人照看，三岁左右接回自己身边时才发现，孩子的很多习惯已经难以改正。最为关键的是，孩子缺失了与父母两三年的情感联结，孩子对父母的要求、规则等置若罔闻，根本不当回事。把孩子惹急了，还会大哭大闹，甚至吵着回到老人身边。

　　对于跟老人同住一个城市的家庭来说，建议父母尽可能每天晚上把孩子接回自己身边。如果老人和自己住得比较远的话，那么父母平时就干脆住到老人家里或者把老人接到自己家里。只要父母每天都跟孩子有一段共处的时间，陪孩子共进晚餐，陪孩子一起读绘本，陪孩子一起玩游戏，陪孩子一起到外面玩等，就能让孩子感受到父母对自己的爱，就能促进安全型依恋关系的形成。

教养贴士：在跟同伴的交往中，与女孩相比，男孩往往更多想到的是竞争，更愿意单打独斗，因为他们希望在同伴中维持或争夺较高的地位和权威，男孩更喜欢通过身体的攻击来建立社会秩序。这就导致很多男孩出现特立独行、不肯与人交往、不愿与人合作等发展问题。

喜欢一个人"战斗"！

曾经有男孩家长向我咨询过这样一个问题："我家儿子3岁多了，在幼儿园里面，既不愿跟别人玩，也不肯和其他小朋友一起参与集体活动或游戏，经常喜欢一个人独来独往。我该怎么教育他呢？"

在如今的幼儿园甚至小学里，我们常常会看到这样的男孩，他们胆怯、沉默、安静、不合群，喜欢自己一个人独处，不愿与其他同伴玩耍。久而久之，他们就逐渐把自己孤立起来，总是喜欢一个人战斗，在集体里逐渐成为一个"局外人"。但是，在家里，他们的表现却可能是另一种景象：活泼可爱、能言善辩、上蹿下跳等。是什么让他们有如此大的差异呢？

究其原因，主要就是孩子没有学会交往和合作，不具备基本的社会交往能力和团队合作意识。而对于目前中国大多数独生子女家庭的男孩来说，由于从小在家就是唯一的孩子，他们缺少与兄弟姐妹交往和相处的经验，在同伴交往和团队合作方面的意识和能力就不会太强。

在跟同伴的交往中，女孩通常能顺应、容忍同伴的缺点，更愿意与人合作，因为她们需要得到同伴的认可，并在情感上得到共鸣。但男孩往往更多想到的是竞争，更愿意单打独斗，因为他们希望在同伴中维持或争夺较高的地位和权威。

与女孩相比，男孩更喜欢通过身体的攻击来建立社会秩序。比如，互相通过打闹争抢玩具的男孩其实是在彼此磨合，向另一个孩子身上扔沙子其实是希望自己能被允许加入到一起玩沙子的游戏中去。

正是由于男孩既喜欢争强好胜又喜欢身体攻击的这一特点，导致很多男孩出现特立独行、不肯与人交往、不愿与人合作等发展问题。

因此，作为男孩父母，就需要了解孩子同伴交往的发展规律，从小就重视培养男孩的同伴交往能力，让孩子学会与人合作，尽可能创造更多的机会让孩子的交往能力和合作能力得到锻炼和提高。

同伴交往的早期发展

从出生后的第一个月开始，婴儿就对其他孩子表现出兴趣，但直到6个月左右，才开始出现真正的互动，比如经常对小伙伴笑，咿咿呀呀地跟他们交流，互相做相同的手势等。

快到1岁时，婴儿会模仿同伴玩玩具的简单动作。在12～18个月之间，他们开始对彼此的行为给予更多的回应，经常进行稍微复杂一点的交流，甚至会轮流做一件事。到了18个月的时候，基本上所有的孩子都开始表现出与同龄伙伴之间协调的互动，他们彼此模仿，经常盯着同伴看，对同伴笑。20～24个月的时候，孩子之间增加了很多语言交流，比如互相描述他们正在进行的活动，给同伴分配任务或角色等。

在2～5岁期间，儿童不仅变得外向，而且会向更多的人做出社交手势。有研究表明，2～3岁的儿童比年长儿童更多地待在成人身边寻求身体接触，而4～5岁儿童的社交行为通常是向同伴发出游戏邀请来吸引注意或认同，并非向成人。

在一项经典的研究中，米尔格莱·帕顿观察了幼儿园里两岁半到四岁的儿童在自由游戏中的行为，考察儿童在同伴交往中的社交复杂性的发展变化。她把学前儿童的游戏分为四种，按照社交复杂性从低到高排序。

（1）单独游戏：儿童看着别人玩，或者自己单独玩，而不管别人在做什么。

（2）平行游戏：儿童各玩各的，很少交流，也不去影响别人。

（3）联合游戏：儿童分享玩具，交换材料，但他们只关注自己的目标，不会合作实现共同目标。

（4）合作游戏：儿童从事假装游戏，担任互惠的角色，通过合作来实现共同目标。

单独游戏和平行游戏随着年龄增长而下降，联合游戏与合作游戏则越来越多。同时，儿童游戏的复杂性和儿童与同伴的社交能力之间有很明显的联系：在任何一个年龄阶段，若儿童的游戏比较复杂，那么，在接下来的时间里，他们就会比较外向，更具有亲社会倾向，较少表现出攻击性和社会退缩。因此，可以这么说，儿童游戏的复杂性是预测其同伴交往能力的一个重要指标。

帮助孩子打造"朋友圈"

在2～12岁之间，儿童将花越来越多的时间与同伴在一起，而与成人在一起的时间越来越少。当然，这必须假定一个前提，那就是家长给孩子创造了足够多的同伴交往机会，帮助孩子打造了一个他自己的"朋友圈"。

选择一个配套设施完善的居住社区。如今很多大城市里的孩子之所以从小缺少玩伴，一个重要原因就是现在的邻里关系远不如以前，基本上都是老死不相往来。当作为邻居的大人之间都互不交往的时候，即使住在隔壁家的孩子也很难成为自家孩子的玩伴。如果父母选择居住在一个有自己的公园、儿童游乐场、步行街、运动场等大型公共设施的社区，孩子就有充足的机会接触到更多的同伴。

选择一所寓教于乐为主的幼儿园。幼儿园是孩子迈入的第一个小"江湖"，上幼儿园的一项重要任务就是学会交往。这样的同伴交往机会主要发生在各种玩耍、游戏和活动的过程中，并非一本正经的课堂教学中。如果父母为孩子选择的幼儿园以寓教于乐为主，重视户外活动、区角活动[1]，并有自己的某一项或几项特色，比如运动、科技、阅读等，那么孩子之间就会有更多的合作和分享的机会，当然也可能产生更多的冲突和摩擦。而这些都是孩子学会交往必不可少的要素。幼儿园里相处得很愉快的同学也就很容易成为孩子的好朋友。

经常参加各种各样的亲子活动。在如今的大城市里，适合不同年龄段孩子参加的亲子活动可谓应有尽有，比如阅读、画画、陶艺、手工、合唱、跳舞、钢琴、游泳等，同时也有名目繁多、各具特色的兴趣班。此外，还有一些面向家长和孩子的公益讲座，当家长听讲座的时候，孩子们就可以一起玩耍。如果父母经常带孩子参加各种各样的亲子活动，他们就能接触到越来越多的小伙伴，并且在不同的活动中，同伴交往的体验也不一样。

每年组织几次大型家庭聚会。亲戚和朋友不一定住得很近，互相之间

---

[1] 区角活动是一种小范围的活动，在国外也叫活动区或开放教育。其特征是把活动划分为几个活动区，每个活动区角根据其内容准备充分的活动材料，幼儿凭借自己的兴趣，自由选择活动方式。

的关系却比较亲近。一年到头见面的次数不多，但无论大人还是孩子，一旦相见就会倍感亲切。只要兴趣比较相近，孩子之间很快就会成为朋友。

教给孩子基本的社交技能

在培养孩子的社交技能时，父母就是最好的"教练员"。教导是一种认知社会的学习技术，对于提高孩子的社交技能非常有效。作为孩子的"教练员"，父母先示范一种或多种社交技能，并详细解释为什么要使用这些技能，再让孩子反复练习，最后告诉孩子需要怎样改进他们的表现。

我们既要传授基本的社交礼仪，又要教给孩子基本的社交技巧。

1. 礼貌用语

当孩子开始社会交往时，礼貌用语就会成为一种重要的语言，这是一种能让人与人之间的交往变得顺畅的语言，也是对别人表达尊重的一种方式。比如，感谢别人要说"谢谢"；向别人道歉要说"对不起"；寻求别人帮助要说"请"；别人感谢自己要回答"不客气"等。而这些基本的礼貌用语需要从家庭开始，大人和孩子之间都要在日常生活中互相使用。

2. 尊重别人

孩子成长的过程，既是在学习如何尊重别人的过程，也是在体会自己为什么需要被尊重的过程。在成长的每个阶段，他们对尊重的理解都不同，表达尊重的方式也不一样。无论如何，我们都要从小就让孩子养成尊重别人的良好习惯。比如，不能随便喊别人外号；保守别人的秘密；未经同意不随便拿别人的东西；不能随便打人、骂人等。

3. 认真倾听

"倾听"是指集中精力认真地听。让孩子学会倾听，我们可以从了解倾听的礼仪和培养倾听的习惯两方面入手。比如，倾听时，眼睛看着对方；

别人说话时，不随意插嘴、打断；讨论时，把话听完整后再发表意见；学会控制，让大家都有表达的机会。

在日常生活中培养孩子的合作意识

合作意识是指个体对共同行动及其行为规则的认知与情感，是合作行为产生的一个基本前提和重要基础。培养孩子的合作意识，有利于孩子在学会合作的过程中逐渐克服以自我为中心，养成关心他人、团队合作的习惯。

在日常生活中，孩子与同伴和大人一同游戏、学习、合作的机会很多，关键是要利用各种机会，培养孩子的合作意识。由于幼儿阶段的孩子年龄小、能力低，因此在日常生活中会有许多事情需要大人帮助，孩子碰到困难时往往也会求助于家长或老师。

为了提高孩子的合作意识与能力，我们需要经常创造合作的机会，在互动的过程中逐步培养孩子的合作意识。比如，共同搭积木完成一个建筑造型，共同画画完成一幅作品，进行两人合作或几人一组的体育游戏等。这样孩子在活动过程中就不能只顾一个人玩，而需要两人或几人相互合作、共同配合来完成任务，就为孩子提供了锻炼的机会。我们还可以利用日常生活的各种机会，有意识地让孩子与同伴之间互相帮助。比如：你帮我擦擦汗，我帮你提提包；你看我的书，我玩你的玩具等。

在游戏活动中提升孩子的合作能力

有了合作的意识，还需要懂得合作的技巧、具备一定的合作能力，才算是真正懂得合作，也才能在更多的合作中提升能力，在成功的合作中获得积极体验。游戏和活动是提升孩子合作能力最有效的方式，在游戏和活动中，孩子将会逐步摆脱家庭中的"自我中心"角色，融入一个个小团体中。

由于现在的孩子大多数都是独生子女，在家里缺少与同伴合作的经历及体验，在一定程度上会影响合作能力的提高，所以我们尽可能为孩子创造合作的机会显得尤为重要。

一方面，我们要给孩子创造与同伴合作的机会。在游戏和活动中，给孩子提供与同伴合作的机会可以先从两个人开始，由浅入深。比如，两人玩接球，一起拼图，合作一幅画，共同完成一个手工作品等。随着合作能力的提高，可逐渐增加难度。比如，多人游戏"老鹰抓小鸡"，结构游戏"盖楼房"，角色扮演游戏"开医院"等。

另一方面，我们还要在家多跟孩子玩一些合作游戏或者共同配合完成一项任务。对于很多家长，碰到孩子玩完玩具不愿自己收拾，就会相当纠结，到底是大人帮忙收拾好还是静候孩子自己去整理。大人代劳会担心孩子养成不好的习惯，等待孩子又会遥遥无期。其实，很多时候，我们完全可以把收拾玩具这件事情变成一项大人和孩子互相配合、共同努力的任务。

当然，我们还可以跟孩子一起玩一些精心设计的亲子游戏。下面推荐一款"和孩子一起来织网"的亲子游戏。游戏可以让孩子体验齐心协力完成一件事的过程，让孩子学会互相支持和配合，培养孩子的团队合作精神。

父母选择一个周末或节假日，邀约至少一个家庭（包括爸爸妈妈和孩子）到自己家里参加这个活动。首先准备好一个毛线球和几段毛线，向大人和孩子简单介绍一下这个活动的目的，以及具体的注意事项，比如活动过程中不能乱跑等。

然后，让所有大人和孩子（最好是双数）每人先取一段毛线，一起围成一个圆圈（相互之间的间隔距离差不多一样）坐在地上。把取的毛线放在身后，沿顺时针或逆时针方向依次报数，每个人都要记住自己的数字。由其中报出数字1的大人或孩子（年龄大一点的），紧紧捏住毛线球的一端，再把毛线球传给数字为2的那个人，用手捏住毛线并拉直。

接下来，大家依次按同一个方向，把毛线球传给离自己最近的人，每个人都需要用手捏住毛线并拉直。当毛线球回到第一个人的手里时，仍然需要紧紧捏住第二段毛线，接着由他负责把毛线球扔给坐在自己对面报双数的人手里，接住毛线球的人同样需要捏住第二段毛线，然后再次传给离自己最近的报单数的人。

此后，报单数的人接住毛线球并捏住毛线后，都需要把毛线球扔给坐在自己对面的报双数的人，报双数的人捏住毛线后再把毛线球传给离自己最近的报双数的人。接下来，大家就多次重复以上步骤，直到形成一个比较密的大网。当网织好后，每个人再把身后的那段事先准备的毛线用来绑住经过自己手里的所有毛线，打一个死结。

最后，让所有人把毛线放在地上，站起来看看大家齐心协力一起织成的大网，并互相拥抱每个合作伙伴，击掌庆贺。

教养贴士：早在学前期，当面对父母、老师和其他权威人物的要求时，女孩就比男孩表现得更顺从。从总体来看，女孩比男孩更愿意听从大人的要求和希望，也就是我们常说的女孩比男孩更听话、更乖。

不想做个"听话"的乖孩子！

"我家儿子今年三岁半，刚上幼儿园，老师反映他在幼儿园总是不听话。具体表现在，自己想干什么就去干什么，老师管不住。比如，午睡的时候，别人睡觉，他要是睡不着，想哭就毫无顾忌地大声哭。老师要孩子们做操，他就到处转圈圈。老师要去秋游带孩子练习排队，他就自己跑出去玩了。我现在很茫然，不知道他这些问题是不是大问题。"

一位男孩妈妈向我诉苦的时候，列举了她家儿子不听话的诸多表现。如果你家刚好也有一个小男孩，相信类似的行为或多或少都在你家孩子身上出现过，类似的画面或许曾经在你家里一幕幕上演过。

从传统的教养观念来看，这些行为就是孩子不听话的典型表现。不过，从心理学的角度来说，这是孩子不愿顺从的具体表现。心理学的研究表明，在12～18个月之间，孩子开始明确意识到大人的希望和要求，并能自愿遵守简单的要求和命令，这就是最初的顺从行为的表现形式。

在这方面，男孩和女孩是有很大性别差异的。早在学前期，当面对父母、老师和其他权威人物的要求时，女孩就比男孩表现得更顺从。这也是很多男孩父母经常感叹女孩好养、男孩难养的重要原因。从总体来看，女孩比男孩更愿意听从大人的要求和希望，也就是我们常说的女孩比男孩更听话、更乖。

约束性顺从，才是主动顺从

为了研究孩子的顺从行为，心理学家考克斯卡及同事以103名26～41个月大的儿童和他们的母亲为测试对象，对其在家或者是在和家相像的实验室环境中一起玩玩具的情景进行录像，时间为2～3个小时。

继自由玩耍之后，母亲给孩子15分钟将玩具收好。在实验室中有一个放着其他玩具的架子，上面有不同寻常的吸引人的玩具，如泡泡糖机、无线电话机和一个音乐盒。母亲告诉孩子不要碰架子上的任何玩具。一个小时后，实验者请母亲去相邻的房间，剩下孩子一个人和那些玩具。几分钟之后，一个陌生人进来，开始玩那些禁止玩的玩具，然后离开，让孩子单独待8分钟。

如果孩子不需要提醒，就自愿地听从指令不碰那些特殊的玩具且保持整齐，那么就认为这些孩子表现出约束性顺从。如果孩子需要奖励才能听从，那么就认为这些孩子表现出了情境性顺从，即他们的顺从依赖于不间断的父母监控。

约束性顺从与内化父母的价值观、准则和要求有关，他们克制自己不碰被禁止的玩具，独自一人时也是如此。相反，表现出情境性顺从的孩子，当母亲不在视线之内时，便会禁不住诱惑。

约束性顺从和情境性顺从在孩子13个月大的时候就能够得以区分，但他们的源头要追溯到更早的婴儿期。和男孩相比，女孩更容易做到约束性顺从。随着年龄的增长，约束性顺从增加，情境性顺从减少。

这两种顺从的主要差别就在动机上。约束性顺从是内部动机驱使的，具有自我控制的能力；情境性顺从是迫于外界的压力，是一种由外部动机诱发的外控行为。因而，约束性顺从才是一种主动的顺从行为，最终才能发展为良好的自控力。

最初，从大约12～18个月时开始，孩子完全依靠大人，把他们当作可接受行为的提示信号。在这个阶段，孩子开始表现出对大人要求的顺从，比如，当孩子想要去碰电源插座时，我们对他说："宝贝，别碰！"只要经常对孩子进行类似这样的提醒，孩子就会逐渐听从大人的要求，不再去碰那些危险的东西。

下一个阶段发生在大约2～3岁。这个阶段，孩子开始在没有大人在场看护的情况下遵从大人的期望和要求。大部分2～3岁的孩子都能意识到，当他们在家里或外面玩耍时，可以在哪里玩、不能在哪里玩，可以碰什么东西、不可以碰哪些东西。当然，前提是大人从1岁左右就开始对孩子有所要求和期望。

学前阶段的孩子变得更加擅长自我控制。他们逐渐学会如何抵制诱惑以及给自己指令来保持注意力的集中。在小学阶段，儿童调节自己行为的能力大大增强，除了主动顺从以外，还有可能是老师努力帮助孩子控制自己行为的结果。

父母这样做，孩子就顺从

一个人成功社会化的要素包括依恋的质量、对父母行为的观察学习以及父母和孩子的相互回应等方面。所有这些方面都会影响孩子的顺从行为，安全型依恋关系、相互回应的亲子关系，都能促进约束性顺从的发展。

作为父母，我们究竟怎么做才能促进男孩的主动顺从行为呢？

1. 树立权威，维护父母的威信

虽然主动顺从是一种自发的行为，但父母的要求和希望能否得到孩子的自愿遵守，还取决于父母在孩子心目中的地位和权威。尤其是当我们跟孩子提要求、定规则的时候，父母的威信在很大程度上决定了这些要求和规则的执行力度。

当然，在孩子面前树立父母的权威，并不意味着简单地采用粗暴的打骂方式就可以实现。首先需要把孩子当作朋友，在尊重和平等对待孩子、充分信任孩子的基础上，通过如下一些方式逐渐树立和维护自己在孩子心目中的威信：

★ 对孩子有合理、适当的要求和约束，不能让孩子为所欲为。

★ 给孩子制定适度的、与孩子年龄相应的规则，并坚持严格执行。

★ 建立一个合适的控制与自主的平衡，给孩子自主的机会，还提供他们所需要的标准、限制和指导。

★ 要求孩子做到的自己首先做到，通过以身作则，既让孩子观察学习父母的行为，又给孩子树立榜样，提升自己对孩子的影响力。

2. 积极回应，建立良好的亲子关系

心理学上的很多研究都注意到了父母的态度、情绪情感在顺从情境中的作用。利顿1980年的研究发现，伴有积极行为，如微笑和表扬的命令将会增强其引发顺从的效果。科汉斯卡1995年在对孩子自愿顺从的研究中得出结论：内化出自愿顺从，而自愿顺从源于母亲和儿童相互间共享的积极情感，既包括情境性的，又包括跨时间性的。他们认为，学前儿童的自愿顺从根源于父母和孩子之间关系的长期质量。温暖和谐的亲子关系促进儿童乐于接受成人的社会化要求。

与此类似，斯泰顿等人在1971年发现，不是命令的频率和强度，而是母亲敏感性的质量预测婴儿的顺从。一个敏感的母亲对婴儿的信号掌握很好，能够从孩子的角度看问题，说话温和，充满温暖和关怀。

父母需要注意以下这几个方面：

敏感性：父母能准确察觉婴儿的信号，恰当而且及时地对婴儿的需要做出反应。

相互性：父母和孩子相互之间形成积极和谐的关系。

积极的态度：父母对孩子表达积极的情感，接纳、喜爱孩子。

3．提供建议，增强孩子的控制感

当我们希望孩子按照大人的要求和希望去做时，并非一定要采取强制性的命令。相反，如果我们本着给孩子提供指导、出谋划策的心态，经常为孩子提供一些建议，孩子就可能不会出现抵触心理或者反抗情绪，也就更容易自愿遵守大人的要求。

我们可以采用以下几种方式给孩子提供建议：

当孩子的行为变得令人讨厌时，可以建议他去做一些其他活动，比如当孩子要去跟别人抢坐秋千时，可以告诉他："现在滑滑梯那里没人，我们先去那边玩。等秋千没人玩了再过来，好不好？"

提供建议时尽可能运用肢体语言。比如：辅以微笑或者给孩子一个拥抱，不要采用命令或威胁的语气和肢体语言。

给孩子提供选择的机会，即使是很小的选择，也能让孩子拥有自主性和控制感。比如："你是先洗澡还是先听故事呢""今天中午你想吃面条还是米饭""我们先去逛超市还是逛公园"等。

4.重复要求，让孩子明白指令

对于婴幼儿来说，很多时候的不顺从行为，可能并不是他们不愿遵守大人的要求和指令，而是他们压根就没有明白大人的意思或者没有心思听大人的话。遇到这种情况，我们就需要有更多的耐心，多重复几次自己的要求。

★ 当孩子没有听明白我们的要求时，就需要采用孩子能听懂的语言，并借助身体语言，多次重复自己的要求和指令。

★ 当孩子没有立刻遵从我们的要求和指令时，过几分钟以后再重复自己的要求，并得到孩子的确认。

★ 当孩子正专心致志地做一件事、没有心思听我们所说的时，可以等到孩子做完时再重复自己的要求。

★ 当我们希望孩子去做一件事，但他迟迟没有行动时，可以给孩子设定一个时间范围，到时再提醒孩子。

别让孩子伤在"听话"上

当我们关注男孩的顺从行为时，也不能走向另一个极端，要求孩子什么都听大人的。千万别让孩子伤在"听话"上。

前几年发生的韩国沉船事故，引发了全世界的关注。在哀悼遇难者的同时，也有很多方面值得人们反思。从教育孩子的角度来看，最应该反思的一个问题就是究竟要不要孩子无条件地听从大人。其中一位遇难学生家长在给孩子的悼念留言中这样说道："让你好好听大人的话，是我错了。我对不起你。"这句撕心裂肺的悼词也许已经明确告诉我们答案：培养孩子的独立思考和判断能力，比盲目服从和听话更重要。

过于"听话"的孩子，由于习惯顺从别人，凡事绝对服从，也喜欢依赖别人为自己做安排。因此，他们做事的主动性和积极性就会受到影响。同时，这还会影响孩子的身心发展。

在亚洲国家的很多家长看来，教育孩子听话是天经地义的。只要是大人说的话，孩子就得认真听；只要是大人提的要求，孩子就得绝对服从。久而久之，很多孩子就逐渐成长为听话的"乖孩子"。而一个什么话都听的孩子，在现实生活中也是大部分家长和老师都很喜欢的。

有些家长一旦看到自己的孩子服从和听话时，不管什么情况，就会忍不住赞扬和奖励孩子。长期这么做，孩子感受到的可能就是，"只有听爸爸妈妈的话，他们才爱我"。于是，孩子就失去了敢于质疑的勇气和动力，就会用自己的"听话"来换取爸爸妈妈的爱，这又会进一步强化孩子的"听话"和绝对服从。久而久之，就会导致孩子慢慢缺乏主见，不能独立判断，更不会独立思考。

在幼儿阶段的孩子心目中，家长和老师处于绝对权威的地位。当孩子上幼儿园以后，老师的地位更是至高无上。老师的每句话，孩子都会认真对待；老师的每个要求，孩子都不敢轻易违背。

在老师"听话"的要求下，当孩子遇到困难的时候，就不敢轻易惊动老师；当孩子需要帮助的时候，就不敢随便麻烦老师；当孩子不开心的时候，就不会直接向老师倾诉。

因此，作为家长，我们需要让孩子学会表达自己的正当要求，引导孩子学会正确判断，慢慢消除对老师的神秘感。不要让自己的孩子上幼儿园时，伤在所谓的"听话"上。

一个从小喜欢独立思考的人，长大以后就比较有主见，不容易随波逐流，更不会盲目跟风。作为男孩家长，虽然我们需要让男孩学会主动顺从，但也不要把"听话"作为培养孩子的首要标准，而要同时关注培养孩子的独立思考能力。

我们需要给孩子一定的空间，让孩子自由地思考，自主地决定。如果我们把孩子管得太严，孩子一点自由支配的空间都没有，长大以后大多还是一个听话、顺从的"乖孩子"。

我们要培养的不是一个过于听话、盲目服从的孩子，而是一个敢于质疑、能够独立思考、学会自己判断，并且可以大胆地说出自己想法的孩子。这就需要我们平时在家，尽可能给孩子营造宽松的成长环境，平等地对待自己的孩子，让孩子多表达自己的意见，鼓励孩子敢于说"不"。即使孩子说错了，我们也不要轻易否定孩子，把发现错误的机会和改正的空间留给他们。

孩子自发产生的质疑，很容易引发他独立解决问题的意愿和能力。当孩子稍微大一点，父母就要允许孩子质疑别人，鼓励孩子多问为什么，即使在成人看来很无厘头的想法和问题，我们也要尊重孩子的想法。如果孩子对父母的看法和做法产生质疑，我们更需要呵护孩子的质疑精神，而不是滥用自己的权威去压制孩子的想法。

教养贴士：在父母的娇惯中长大、任何需求都被满足的孩子，既可能丧失婴幼儿时期宝贵的初期学习机会，也可能失去很多重要的情感体验。如果不想满足男孩的无理要求，我们就要学会拒绝，让孩子学会"放弃"和"忍耐"。

总是等不及！

"我家儿子今年4岁多了，性子特别急。面前的食物还没吃完，便迫不及待地嚷着要吃另外的食物；在游乐场看到好玩的滑梯，无视前面正在排队的小朋友，自己硬要抢先上去玩；遇到要求没有被及时满足的时候，他立即发脾气，甚至情绪失控。我该怎样做，才能让他学会等待呢？"

类似这样的困惑，相信大多数男孩父母可能都深有感触，仿佛说的就是自家那个做任何事情都等不及的小孩子。再换一个说法就是，相比女孩和女人，天底下的男孩和男人大都缺乏耐心，不愿等待。用心理学的术语讲，那就是延迟满足能力不够。

究竟什么是延迟满足呢？延迟满足指的是一种能力，是人对获得自己想要的东西时能够等待的能力。美国伊利诺伊州立大学的心理学教授劳拉·E.贝克，在《儿童发展》这本经典心理学教材中，把延迟满足定义为

"等待一个更适宜的时间和地点来从事一个诱人的行为或者获得一个欲望中的物体"。

由此可见，延迟满足强调的是孩子学会等待和忍耐的能力。培养延迟满足的能力，也可以说就是在培养孩子对欲望能够克制、能够学会等待的一种能力。

然而，在"亲密育儿""无条件养育"等西方教养观念的影响下，越来越多的年轻父母认为，想要跟孩子建立亲密的亲子关系，就要尽可能满足孩子的一切要求。所以，根本就没有必要强调规则意识的培养、良好习惯的养成、自我控制能力的发展等方面。否则，可能因为大人的限制和约束，抑制孩子的个性和创造力发展，甚至还可能给孩子留下童年的心灵创伤。

但是，如果一味地满足孩子各方面的需求和欲望，我们就不能因"龄"制宜地帮助孩子发展延迟满足能力。尤其是在三岁前这个关键期内，没有采取必要的教育手段，没有完成延迟满足的基本训练，就会浪费这段宝贵的时间。而且，三岁之后再"补上这一课"可能会事倍功半，甚至是徒劳之举。

在父母的娇惯中长大、任何需求都被满足的孩子，既可能丧失婴幼儿时期宝贵的初期学习机会，也可能失去很多重要的情感体验。如果不想满足孩子的无理要求，我们就要学会拒绝，孩子虽然会哭，但他们却学会了"放弃"和"忍耐"；如果不想让孩子肆意妄为，我们就要给孩子定规则，孩子虽然会反抗，但他们却可以明白"这么做是不行的""怎么做才是可以的"。

早期训练，让孩子学会根据现实原则行事

快感原则和现实原则是心理学大师弗洛伊德首先提出的两个术语。弗

洛伊德的心理性欲理论，把人格分为本我、自我和超我三种成分。

本我是刚出生时表现出来的全部东西，它的唯一机能是要满足天生的生物本能，而且总是试图立刻让这些需要得到满足，所以婴儿只能运用快感原则行事。他们饿了就要吃、尿了就会哭，直到自己的需要得到满足才会停止哭闹。因此，一岁前的孩子一点也不懂得忍耐。

自我是人格有意识的、理性的成分，它反映出孩子逐渐出现了理解、学习、记忆和推理能力。自我的机能是为满足本能冲动寻找现实途径，所以一岁后的孩子就逐渐学会运用现实原则行事。比如，一个两岁左右的孩子，当他饿了的时候，就不会再像一岁内的孩子那样只知道哭闹，而是会告诉大人自己饿了、想吃什么。随着自我的逐渐发展，孩子就能更好地控制非理性的本我，寻找比较现实的方式满足自己的需要，并逐渐学会忍耐和等待。

对于婴幼儿来说，那些被及时满足的要求根据快感原则很可能再次产生相同或相似的需求；那些通过等待得到满足的要求，很可能根据现实原则学会忍耐相似的需求；而那些被坚决拒绝的要求则可能根据现实原则，今后不再产生同样的需求。

因此，从一岁以后，父母就应该逐渐亮出这些底线，让孩子由此体验人生早期的学习。我们究竟如何训练孩子学会平衡快感原则和现实原则呢？

如果我们认为孩子的要求是及时而且正当的，那么就需要尽可能立即满足他，比如饿了吃饭、口渴喝水、及时大小便等动物性的本能需求。这些时候，孩子出于生存的本能，一定根据快感原则行事。

如果我们认为孩子的需求合理但可以延后满足，那么就需要逐渐训练孩子的延迟满足能力，比如圣诞节的礼物需要等到平安夜后才能拿到、到超市买了一样玩具后就只能等到下一次才能买其他玩具、游乐园里人多的时候需要排队才能玩游乐项目等非基本的生理需求。这些时候，孩子就慢慢学会根据现实原则行事，逐渐学会忍耐和等待。

如果我们认为孩子的要求不合理或者对自己和他人有危害，那么就需要坚决拒绝或阻止这些不当要求，比如通过暴力的方式去抢夺其他小朋友的玩具、将垃圾随手扔在地上、偷偷把别人的东西拿回家等。这些时候，孩子就逐步学会根据现实原则进行正确的价值判断，明白哪些事可以做、哪些事不能做。根据"不能做"的现实原则行事，对孩子来说就是被迫忍耐不愉快的感受，所以需要父母有耐心地反复进行训练，逐渐让孩子的自控力萌芽。久而久之，孩子就能学会克制自己的需求和欲望。

坚守底线，敢于对孩子说"不"

在训练孩子运用现实原则学会放弃、忍耐和等待的过程中，父母一定少不了要对孩子说"不"。一岁之前，我们对孩子说"不"需要更多的温柔；一岁之后，我们对孩子说"不"就需要更多的坚定。不过，温柔和坚定这两者之间的度，却没有任何标准可以参考，需要父母自己根据孩子的个性特点因"人"而异、因"龄"制宜。

把"不能做"的事情范围尽可能缩小，最好是缩小到绝对不能做的范围。主要的判断标准就是这些事情是否具有公共性和社会性，是否涉及自己和他人的安全，是否涉及做人的原则和底线。比如：别人的东西不能随便拿，不礼貌的举动不能有，不能损坏别人的或公共的财物，不能偷抢别人的或公共的东西，不能用暴力故意伤害别人，不能在马路上乱跑，不能在深水边戏水，公共场所不能大声喧哗，等等。

父母的言行要一致，说了"不"就一定要执行。如果父母经常对孩子说"不行""不可以"，但只是嘴上说说而已，并不禁止孩子的行为，孩子仍然会继续做我们不允许做的事情。既然说了"不",一般情况下我们就一定要及时制止孩子的行为,让孩子亲身感受到父母的坚决,训练孩子的忍耐力和自我控制能力。

对于两三岁以内的孩子,他们的认知能力和理解能力还无法接受大人的说教。但我们又需要在这个阶段慢慢学会对孩子说"不",让孩子逐渐体会到有些事情不可以做,有些行为是需要学会放弃的。

我家二宝小雨不到半岁的时候,我们就把大宝伊伊以前看过的绘本翻出来,选一些图画为主的给他看。没想到,他对很多图画很丰富,也很精彩的绘本,从小就很入迷。每次当把他抱在大人身上动个不停的时候,只要翻开这些绘本给他看,他马上就能安静下来,目不转睛地盯着画面。

在他一岁前看过的绘本中,有一本《大卫,不可以》是他最喜欢的。如果我们把很多绘本放在一起让他自己选,每一次他都会毫不犹豫地选择这本。从出生四五个月到一岁这个阶段,我们已经不记得给他看过多少次,有时候一天之内就会看好几遍。

在这本书里,画面很容易吸引孩子的眼球,而为数不多的文字中出现次数最多的大概就是一个"不"字了。当他看画面的时候,我们都会读相应的文字给他听。虽然孩子无法把画面上的事情和大人读给他听的文字联系起来,但久而久之,一定会对他产生潜移默化的影响。

小雨9个多月的时候,随着运动技能的不断发展,他已经开始学会撕纸了。一张餐巾纸到他手里,不到一分钟可能就会被他撕得七零八落。这样的探索行为,我们都是采取鼓励的态度,从不会制止,虽然这显得有些浪费。不过,他对撕纸的娴熟技能很快就转移到撕书上来了。

有了第一次,以后就再也挡不住了。此后的一段时间,只要给他看绘本,他就会自己翻书,时不时地自然就会试图去撕书。当然,绘本使用的纸张质量都比较好,轻易也不能撕坏,但经常撕总还是会破掉的。于是,他常看的几本书慢慢就开始变得缺胳膊少腿了。

偶尔撕一次倒也罢了，没必要阻止孩子的好奇心。如果经常这样撕来撕去，那就需要引起重视了。后来，我在给他讲绘本时，如果他出现撕书的举动，我就开始模仿《大卫，不可以》中的文字，使用平时跟他读这本书的语气，大声地对他说："小雨，不可以！""宝贝，不要撕！"刚开始的时候，好像不太管用。不过，过了几天，我发现每次我这样对他说的时候，他就会把头抬起来看我，似乎已经开始明白我的意思了，不再去撕。

当小雨停止撕书这个行为后，我也同样模仿《大卫，不可以》中的最后一句台词和动作，把他搂在怀里，对他说："宝贝，乖！我爱你！"这个时候，他还会似懂非懂地在我脸上用嘴亲来亲去。

利用这个绘本里的对话和场景，既让我学会了如何对这个阶段的孩子说"不"，同时也让孩子慢慢学会了如何放弃、如何停止，给他的自我控制系统逐渐播下一粒又一粒的种子。总有那么一天，这些种子就会开始生根发芽。

事先约定，"一次只能买一样"

我们目前所处的时代，是一个物质极为丰富的时代，很多物质方面的需求都能做到立即满足。这对于孩子来说，是一件幸事，玩的玩具应有尽有，吃的食物随手可得，同样也会给孩子带来如何控制自己欲望的挑战。精神层面的需求，我们要尽可能满足孩子；但物质方面的需求，我们需要让孩子学会忍耐和等待。

只要带孩子一起去超市或者商场购物，很多父母就会被孩子折磨得筋疲力尽。孩子不是提出买这样那样的玩具，就是希望买各种各样的零食，一旦不能如愿以偿，很可能就会倒地耍赖。这就是孩子不具备延迟满足能力的主要表现。

为了避免在公共场所出现类似情况，可以从孩子很小的时候，就通过一些方式让孩子逐渐学会克制自己的物质欲望。比如，每一次出门之前，我们就跟孩子事先约定好，一次只能买一样玩具或零食等。如果孩子希望"鱼和熊掌兼得"，那么我们就告诉孩子需要等到下一次才能买。

我家两个孩子很小的时候，我们就经常带他们去超市或商场。刚开始的时候，无论大宝伊伊还是二宝小雨，每一次出门之前，我们都会跟他们说好一次只能买一样东西，买了玩具就不能买零食，不论玩具还是零食，一次也只能买一件。这个规则一直保持至今，几乎从未被破坏过。虽然孩子们有时候很想买两件或几件东西，但我们也会告诉他们当天只能买一件，其他东西需要等到下一次或者重大节日等才能再买。这样做的目的，主要不是考虑省钱的问题，而是希望在这个等待的过程中让孩子逐渐学会忍耐，学会等待。

当成为一名小学生之后，大宝伊伊在这个方面已经表现得越来越好。有一次，我们带她去超市，先买了一样她最喜欢吃的零食，后来又看到一个很漂亮的米妮图案的卷笔刀，这是她梦寐以求的一样文具。正当我准备放进购物车的时候，伊伊突然很严肃地对我说："爸爸，这个卷笔刀今天不能买啦！我已经买了零食，还是等到下次再买吧。"

我马上意识到她提醒得很对，"一次只能买一样"的规矩不能随便被打破。虽然她说得很恳切，但从她的眼神明显能够读到她对卷笔刀的依依不舍之情。最后，我跟她商量，既然自己很喜欢这个卷笔刀，那就把刚才放进购物车的零食拿出来，等到以后再买，这一次就买这个卷笔刀。我的这个提议立马得到她的认可，赶紧把零食放回原处。

对于二宝小雨，我们仍然会同样要求他"一次只能买一样"。目前为止，他一直遵守得很好。由于我们从小比较注重培养孩子的延迟满足能力，两个孩子的自控力也是很强的。这一点，尤其对他们入园和入学大有裨益。因此，他们在课堂上就很容易集中注意力听课，很自觉地遵守课堂纪律，也能很主动地完成老师布置的作业和练习。

父母的承诺，一定要兑现

真正的延迟满足，是推迟满足的时间，而不是随便取消满足。即使因为特殊情况，需要取消对孩子某个方面需求的满足，我们一定得给孩子解释清楚，并力求得到孩子的理解。我们千万不能因为孩子太小或孩子忘记了，就故意在孩子面前"毁约"。

曾经在一次讲座中，一位男孩妈妈告诉我一件事。她说儿子特别想要一个玩具，自己也曾经答应过儿子，等到某一天一定会给他买这个玩具。但是，到这一天的时候，儿子早就已经忘记这回事了，所以她也就"蒙混过关"，没有给儿子买。当听完我讲的延迟满足后，她才意识到这个玩具还得给儿子买回来。

家长对孩子的承诺，一定要兑现。对于孩子提出的某个方面的要求，虽然可以推迟满足的时间，但父母一旦同意，就一定要兑现自己的承诺，不要出尔反尔。如果确实由于特殊原因，比如天气不好不能去公园，导致无法兑现自己的诺言，我们也要尽可能给孩子解释清楚，并取得孩子的认可。切忌随便用一句"我说不去就不去，你怎么这么不听话"来打发孩子。

假如父母经常在孩子面前"毁约"，孩子自然就不会把大人的承诺当真，久而久之，自己也就学会了言行不一，也难以按照父母的要求学会等待和忍耐。

教养贴士： 男孩天生就不喜欢规则和约束，相比女孩，他们也更喜欢挑战权威。父母和老师的规则只相当于减速带，根本不能让他们停下来。我们需要从小注重培养男孩的规则意识，逐渐引导男孩学会遵守规则。

真的不喜欢规则！

"我儿子上一年级了，目前学习成绩很好。但是，孩子课堂纪律不好，老师已经找我谈话了，说要引起重视。孩子纪律不好表现在，上课眼睛不看老师，不积极举手发言，屁股会动来动去，手玩铅笔，有时还扯女生辫子。更糟的是，老师叫他坐好、手放好，他就像没听见一样，令老师很生气。我该怎样做才能让儿子学会遵守学校的规则和课堂纪律呢？"

这是一位曾经咨询过我究竟该如何给男孩定规则的家长发给我的问题。其实，类似这样的问题，很多家有男孩的父母多多少少都会碰到。虽然部分女孩家长也会遇到这个问题，但从总体来看，这种不愿遵守规则的行为发生在男孩身上的概率要比女孩大得多。

这是因为男孩天生就不喜欢规则和约束，同时相比女孩，他们也更喜欢挑战权威，比如父母和老师。在他们三四岁的时候，父母和老师的规则只相当于减速带,根本不能让他们停下来。一个在家里上蹿下跳、禁不住东摸西摸、把家里的宝贝拆散鼓捣一通的小男孩,是不会听你的话,也不会注意和观察你的言语暗示的。

通常,这个阶段的女孩能更好地察觉别人的情绪,逐渐懂得规则,慢慢学会遵守规则。然而,很多男孩并不是这样,他们不明白什么是规则。比如,在与人分享、排队等候,在玩耍和游戏中与同伴友好相处等规则面前,男孩们往往会感到莫名其妙、无所适从。

如今,"爱和自由"是很多亲子教育书籍和言论中推崇备至的教育理念,也受到很多年轻父母的追捧。但我通过跟很多家长的深入交流,发现他们对这些教育理论和理念的理解有很多偏差,甚至不由自主地滑向天平的另一端,就是要给孩子充分的自由,为了确保自由,孩子可以随心所欲,没有任何规矩和约束。

但是,规则意识淡薄、不守规矩的孩子,其自我管理能力和自我控制能力相对来说也不会太强,这在幼儿园和中小学的课堂里面随处可见,尤其是小男孩。如果我们从小注重培养男孩的规则意识,逐渐引导男孩学会遵守规则,那么当孩子进入学校和步入社会以后,他们就会更愿遵守规则,自律性就会比较强。

孩子的规则意识,需要从小培养

美国心理学家格林斯凯把养育过程分为六个阶段,其中,从孩子两岁到四五岁处于第三个阶段——权威阶段:父母开始制定规则并执行,对孩子的爱是手把手教给他们规则和要求。

父母建立的规则要适应孩子逐渐提高的能力,尤其要跟孩子的理解能力和行为能力相匹配。在进入小学之前的幼儿阶段,我们给孩子制定规则需要循序渐进，分阶段、分步骤实施。

★2岁左右：规则主要集中在孩子安全、他人安全和财产安全方面，比如不碰危险的东西，不打、踢、咬人等。

★2岁6个月左右：规则需要扩展到包括吃饭过程中的行为，禁止行为和拖延活动的要求，以及早期的自我照顾。比如：不能在吃饭过程中离开座位、不能玩食物等。

★3岁左右：更多的要求是关于礼貌行为和适当的自我照顾，比如学会说"谢谢"、整理玩具等。

★3岁以后：要求孩子进行更多的自我照顾，比如自己穿衣服、能按要求上床睡觉等。

我们从小对大宝伊伊和二宝小雨就比较注重规则意识的培养，大多数时候他们都能自觉遵守要求和规定。因此，无论在幼儿园阶段，还是进入小学，大宝在这方面的适应都很快，课堂纪律很容易遵守。当然，她就更加受到老师的欢迎和信任。二宝虽然是男孩，但他在幼儿园里也比较遵守规则和纪律。所以至今为止，我们也从未收到过老师反映孩子不守纪律等方面的短信或电话。

为了培养孩子的规则意识，我们可以多跟孩子一起读绘本和玩游戏。其中，《红绿灯眨眼睛》就是非常好的一本绘本。父母可以一边陪孩子读这本绘本，一边陪孩子玩角色扮演游戏。

游戏之前，父母首先告诉孩子一些基本的交通规则和常识。接下来，父母跟孩子一起读《红绿灯眨眼睛》这本绘本，让孩子对交通规则有进一步的直观感受。

然后，大人和孩子一起进行角色扮演。一个大人扮演汽车司机，孩子和其余大人扮演乘客。活动开始，"司机"可以边开边唱："嘀嘀嘀，我是汽车小司机，请问你到哪里去？""司机"走到孩子的面前，如果他说出一个地名,就请他上车,游戏继续进行。

当行驶一段距离后,"司机"突然看见一个"红灯"的牌子,大声说:"呀,遇到红灯啦!我们应该怎么做呀?"孩子和其余大人就说:"红灯停,红灯停!""那什么时候才能走呢?""等绿灯亮的时候。""那让我们来倒计时吧,十、九、八……"等"十"到的时候,"绿灯"出现,游戏继续进行。

当孩子熟悉这个游戏后,还可以鼓励孩子当"小司机",大人扮演乘客,继续玩这个游戏。

把孩子当人看,与他们一起定规则

其实,男孩的可塑性比较强,只要父母对孩子有所要求和约束,大多数男孩都是可以做到的。但我们首先要把孩子当人来看,把规矩的道理讲清楚,而不是要求孩子像机器人一样盲目地服从。

男孩更容易遵守那些比较明确的规则和要求。而自己参与制定的规则,因为他们在参与制定的过程中已经很好地理解了这些规则的真正含义,所以就容易按照要求做到。同时,在制定规则时,我们还应该给孩子更多的选择权,让孩子的自主性得到发展。

很多规则,如果不涉及重大原则性问题,建议男孩父母和孩子共同制定。比如:每天的零食量,能吃什么,哪些是垃圾食品,哪些食物吃了对身体不好等;每天玩电子游戏的时间以及相关限制条件。

一旦男孩参与了规则的制定,他们一般都会自觉遵守,有时候甚至做得比我们规定的还严格。因为他觉得这是自己本来应该做好的事情,并非大人强制要求的。

我们常常会看到,节假日期间,因为看电视、打游戏、吃零食,有些家长和孩子之间所发生的"拉锯战"和"攻坚战"。但是,如果我们和孩子一起共同订立了统一规则,甚至让他主导制定规则,孩子就会变得更加自觉,家长也变得轻松和省心。

为了让孩子了解和熟悉日常生活中的规则,增强男孩的自主性和规则意识,父母可以选择一个日常生活中比较重要的问题,比如吃饭、收拾玩具、玩电子游戏、看电视等,跟孩子一起商定有关这个方面的具体规则。

下面就以看电视为例,展开具体制定规则的过程。

首先,父母跟孩子一起口头商量几条关于看电视的规则。比如:每天看电视的时间不超过一小时、每次最多看半小时、不看比较暴力的动画片、如有犯错或其他不好的行为将取消当天看电视的资格等。

父母根据上述商定的原则,逐一整理为书面的条款,通过电脑打印或手写出来,并逐字逐句念给孩子听。当父母和孩子确认这些书面内容后,首先让孩子签上自己的名字(可以用拼音)。对于小一点的孩子(不会拼音或写字),父母可以和孩子拉钩,并把拉钩的过程录像保存。

签完字后,父母把规则张贴在家里比较醒目的位置,如客厅的墙上、空调上或电视机旁边。对于事先约定好的规则,需要严格执行,一旦孩子违反,可以再把这份规则大声读给孩子听,并强调他曾经签过字、做出过承诺。所有家庭成员(包括老人)都需要严格遵守或执行已经跟孩子达成的这些规则,不要随意破坏。

事先定好的规则,一定要严格执行

如果事先定好的规则比较明确和清晰,一旦孩子没有遵守,我们就需要采取措施强化这些规则。如果有规则,无执行,结果就是等同于没有规则。有时候,可能因为特殊情况,导致规则需要变通,那么也需要告诉孩子这是特例。

美国著名育儿专家斯波克博士曾提出:"如果你期待孩子表现出什么样的行为,纪律可以让你的期待成为一种可能。这种可能可从婴儿期开始一直到整个青春期。"他还认为,父母的优柔寡断是影响纪律执行的一个重要障碍。

这就需要父母在强化规则时保持一致性,更不能无意间奖励孩子破坏规则的行为。如果父母在对待同一个规则时经常不一致,就会导致孩子无所适从,甚至把这个冲突当成自己逃避或破坏规则的借口。当然,有些规则还需要父母和孩子共同遵守,我们更要以身作则,不带头破坏规则。

为孩子立规矩,大人意见要统一

现在的年轻父母,大多数都需要为事业打拼。在这种情况下,我们不得不依靠老人帮忙或者聘请保姆看护孩子。而在教育孩子的过程中,最令我们头疼的事情就是家里人的意见不一致,比如年轻父母和老人之间的观念不一、夫妻之间的意见不同、保姆的执行不到位等。

在为孩子立规矩的时候,所有家庭成员的意见一定要统一,即使做不到完全一致,也要先保留意见,不要当着孩子的面表达对某个规则的不满,更不要随便去破坏已经定好的规则。否则,孩子就很容易学会钻空子,根本不把规则放在眼里,因为他们始终能找到可以依靠的保护伞。

邻居家两岁多的男孩豆豆,之前一直由老人给他喂饭。父母为了让孩子逐渐养成自己吃饭的习惯,有一天就开始跟豆豆商量自己吃饭的一些规则,其中很重要的一点就是每顿饭需要自己吃,不让大人喂饭,如果吃饭的时候不认真,超过一个小时就会把饭收走,饭后也不能吃零食,除了牛奶和水果,必须等到下一餐才有吃的。

刚开始的时候,这个孩子一直做得很好,每顿饭也吃得比较顺利,不需要大人操心。一个月后的一天，豆豆突然闹情绪，晚餐时间也不好好吃饭。当超过一小时，妈妈就把所有饭菜全部收掉，并告诉孩子要严格遵守一个月前制定的规矩，晚上除了喝牛奶，其他东西都不准吃。豆豆看到妈妈态度这么坚决，只好作罢。

令豆豆妈妈想不到的是，一直很疼孙子的爷爷却不高兴了，跟豆豆妈妈僵持不下，赶紧把收走的饭菜又端来给他喂，生怕宝贝孙子饿坏了肚子。固执的爷爷谁也挡不住，就连一旁劝阻他的奶奶也无济于事。豆豆妈妈虽然气急败坏，但为了不跟老人正面冲突，只好忍气吞声，眼睁睁看着一直执行得很好的规矩就这样被倔强的爷爷给破坏了。

更让人意外的是，有了这一次例外，豆豆接下来几天吃饭的表现都大不如前，偶尔仍然需要大人喂饭。由于爷爷在其他方面也是如此，所以豆豆对于大人立的规矩就慢慢学会了选择性执行。当爷爷可以成为保护伞的时候，豆豆基本上就不会把一些要求和规矩放在眼里。

久而久之，爷爷和其他家庭成员的矛盾逐渐加深，经常为了豆豆的教育问题发生争吵。最后，豆豆奶奶和爸爸只好把爷爷劝回老家，孩子主要由豆豆奶奶照顾。

当豆豆在家里失去了保护伞以后，很快又可以自己好好吃饭了。同时，对于其他方面的规矩，他又慢慢开始主动遵守了。

教养贴士：大多数男孩的时间观念都不及女孩，自我管理能力也略微逊色于女孩。然而，孩子的时间管理能力绝不是靠大人每天不停地催促就能培养好的，催促往往不仅解决不了磨蹭的问题，反而会适得其反，尤其是男孩。

就爱磨蹭，催我也没用！

"孩子干什么事情都喜欢磨蹭，该怎么办？特别是早上穿衣，洗脸刷牙等，都要慢别人半拍。做作业也总是慢吞吞的，别人半个小时就能完成的作业，他需要两个小时。每天晚上都要很晚才能睡觉。我该怎么办啊？"

类似这样的关于孩子磨蹭、没有时间观念的问题，在很多家庭里面多多少少都会碰到，无论家有男孩还是女孩。当然，总体来说，男孩父母可能更为头疼，因为大多数男孩的时间观念都不及女孩，自我管理能力也略微逊色于女孩。

比如，对于学龄前的儿童，有的孩子在吃饭上就需要花一两个小时，而有的却只需要半个小时；对于同一个班级的学龄儿童，有的孩子每天做作业需要两三个小时，而有的却只需要半小时到一小时；对于同一个岗位的成年人，一部分人完成相同任务所需的时间总是比另外一部分人要少。

导致这些情况的出现,既有性别和个体差异的因素,也有周边环境的影响,但最主要的原因还是能否管理好自己的时间、能否做到不磨蹭。一个会管理自己时间的人,他的自我管理能力相对也会更强,做很多事情的自觉性也会更高。这从一定程度上也可以衡量一个人的自我控制能力。

然而,孩子的时间管理能力绝不是靠大人每天不停地催促就能培养好的,催促往往不仅解决不了磨蹭的问题,反而会适得其反,尤其是男孩。那么,我们如何从小就开始树立男孩的时间观念和培养男孩的时间管理能力呢?

让男孩明白时间是自己的,发展孩子的自主性

为什么很多孩子吃饭总是磨蹭、早上总是赖床、作业总是拖拉呢?其中一个重要原因就是很多大人总是喜欢代替孩子管理本属于孩子自己的时间,日复一日,逐渐就把自己的孩子培养成一个"不催就不动"的孩子。如果孩子的时间一直由家长来管理,那么只要离开了大人的催促和监督,孩子就很难自觉按时行动。

培养孩子的时间管理能力的前提就是让孩子明白"时间是自己的""管理时间是自己的事",同时还要让孩子自己承担没有管理好时间的后果。我们在指导孩子学会时间管理的过程中,并不是一味催促孩子"快点!""快做!",而是从小就让孩子意识到"自己的时间",并建立自己的"时间规则"。

当我们的孩子还没有学会认识钟表、对时间的感觉还不够的时候,采取不断催促的做法,就很容易让孩子产生两种心理:一是依赖心理,认为所有的时间和事情跟自己没有太大关系;二是逆反心理,可能采取故意"慢点"的方式来对抗大人不停的"快点"要求。

为了让孩子意识到时间是自己的，并学会珍惜时间，我们可以跟孩子一起玩"时间储蓄罐"的游戏。

需要事先告诉孩子规则，当他在预定时间内完成了所计划的事情时，大人就会把他本次节约下来的时间记在即时贴上。我们跟孩子一起把需要纳入时间储蓄计划的事情一一列表，并标明完成每件事情需要花费的时间，比如每顿饭在半小时内吃完、每次玩游戏的时间不超过半小时等。

当孩子在做这些事情时，只要按照约定时间提前完成，我们就要把孩子每次节约下来的时间在即时贴上记下来，并放进时间储蓄罐里。对于节约下来的时间，我们可以定期（如每周）统计一次，并告诉孩子利用这些时间做自己喜欢的事情，比如玩游戏、到游乐场玩、外出旅行等。

让孩子体会和感受时间，增强对时间的感觉

孩子喜欢磨蹭的另一个原因就是缺少对时间的感知。在幼儿阶段，一年有多久、一天有多长时间，孩子们一般是没有多少概念的。在他们的心中，对时间感受最多的就是"现在"，至于刚才、昨天、前几天基本上都是"以前"，明天、后天基本上都是"以后"。正因为他们只能感觉到"现在"，所以就不会像成人一样感觉到时间的流逝，更不会懂得争分夺秒或者珍惜光阴这种"高大上"的做法。

随着逐渐成长，孩子的认知和理解能力也会不断提高，这就需要我们在日常生活中让孩子自己去体验和感受时间，慢慢增强孩子对时间的感觉。这也是训练孩子管理好时间的首要任务。

★ 让孩子意识到时间。虽然大部分孩子都需要等到上了小学一年级才会正式学习认识钟表和计算时间，但家长仍然需要从小就开始让孩子对时间有意识，并能把时间跟自己的生活联系起来。当孩子还不会认识钟表时，

我们可以根据生活中的节奏经常告诉孩子"马上就是×点钟了,你该睡觉啦",或者指着时钟对孩子说"当这根短针走到8的时候,我们就该上学去了"。当我们外出时,可以把跟时间相关的事物进行关联,比如根据太阳的位置、月亮和星星的出现、早中晚吃饭等推测时间的变化。如果我们把时间和生活经常联系起来,并有意识地告诉孩子,他们就能逐渐在生活中增强对时间的感觉。

★在家里多挂几个时钟。随着手机和其他电子产品的日益普及,成人获取时间的工具几乎无处不在。不过对于幼儿来说,时钟才是体会和感受时间的最好工具,因为它很直观,既有比较大的体积,也有随时可以看见的时针、分针和秒针,好一点的时钟还会发出"嘀嗒嘀嗒"的响声。为了训练孩子对时间的直观感受,我们可以在家里每个房间都挂上一个大一点的时钟,并经常把时间以及生活事件跟时钟对应。

★让孩子体会时间的长短和变化。无论大人还是孩子,同样的时间给我们的感觉都会因人而异。对于我们喜欢的东西,总是感觉时间过得太快。而那些不太喜欢或者需要等待的东西,就会感到时间特别漫长。我们可以通过把孩子的一个行动与具体的时间进行对应,让孩子体会和感受时间的长短。比如,早上起床和穿衣服需要五分钟,吃饭需要半个小时,外出玩了两个小时,每天在幼儿园待了八个小时等。同时,我们还可以通过对比漫长的五分钟和匆忙的五分钟来让孩子感受不同状态下的时间变化,比如排队等候五分钟和看喜欢的动画片五分钟。

为了增强孩子对时间的感知,让孩子把生活与时间相联系,我们可以跟孩子一起玩一个简单的亲子游戏——"记录我的一天"。

游戏之前,我们可以先让孩子回忆过去一天自己都做了哪些事情,并告诉孩子大概什么时间做的什么事情,可以一边回忆一边记录在空白的纸上。

选择一个周末或节假日，从早上起床开始，就让孩子自己或由大人代笔，把起床后做的每一件事情以及经历的时间段记录在一张空白纸张上，一直持续到晚上睡觉。如果孩子已经上幼儿园，可以回家后再让孩子回忆，或者干脆就把上幼儿园当作一件事记录。当把全天做过的所有事情记录完毕后，父母再打开电脑，将这些事情按照时间先后顺序一一制作成一张漂亮的表格。

最后，再把这张"我的一天"打印出来，贴在家里醒目的位置。当今后到时间需要做某件事情时，可以提醒孩子看看这张一日行程表。

教孩子认识时间，培养孩子的时间观念

在幼儿园阶段，我们就要开始教孩子认识时间，逐步培养孩子的时间观念和时间管理能力。

首先，让孩子对时间有个基本认识，了解过去的时间是不能回来的，并对昨天、今天、明天等不同的时间概念有个大致理解。

其次，可以逐步教孩子认识时钟，让他们对每天的时间有个大概的认识。同时，还可以告诉他们每天什么时候该吃饭，什么时候该睡觉，什么时候该起床和上学等。这样，他们就会对人们每天的作息规律有初步的了解。

最后，家长在跟孩子一起做游戏或玩耍的时候，可以一次约定一个时间段。这样可以让他们逐步认识到一分钟可以做些什么事情，十分钟可以做些什么事情，一个小时可以做些什么事情。久而久之，孩子们就逐渐学会珍惜时间，并意识到失去的时间是不能重现的。

当孩子对时间有了一定的认识后，我们就可以逐渐培养孩子在时间上的自律意识。我们可以在日常生活中，经常和孩子约定做一件事的时间，

比如玩电子游戏，可以约定从什么时间开始，玩到什么时间结束。

让男孩学会合理分配时间，提高利用时间的效率

喜欢拖拉的人一般都不懂得合理分配自己的时间，做任何事情的随意性都很大，想干什么就干什么。这样一来，对他们来说就难以产生紧迫感，时间往往就在弹指一挥间悄然流逝。

能高效利用时间的人，大都具有一个共同之处，就是会合理地分配自己的时间。当时间得到合理分配的时候，我们都会在划定好的时间范围内聚精会神地去做该做的事情，比如该吃饭时就吃饭、该写作业时就写作业、该玩时就玩、该睡觉时就睡觉等。

★ 多跟孩子讲"现在是××的时间"。对于学龄前的孩子，尚不完全具备自主支配时间的能力，这就需要家长和老师多跟孩子讲"现在"，让孩子清楚每一天都是怎么度过的、大概什么时候做什么事情。比如："现在是读绘本的时间""现在是去上幼儿园的时间""现在是吃晚饭的时间"等。

★ 培养孩子分配时间的能力。对于学龄儿童来说，既要面临一定的学习任务和压力，又要尽可能保证睡眠、充分休息。无论学习还是生活，他们都需要通过不断练习来提高自己分配时间的能力。尤其是遇到考试的时候，能否分配好自己的时间往往就决定了是否可以取得好成绩。

★ 教孩子学会取舍。在面临很多事情需要做的时候，时间对任何人来说总是显得很有限，这就需要我们抓大放小、区分轻重缓急，该舍弃的时候学会放弃。对于学龄儿童而言，学习始终是最重要的事情，所以在没有完成作业的情况下就不能玩耍，在没有掌握已经学习过的知识时就只能放弃休息、多做练习。同样，在生活中也会面临很多需要舍弃的时候，我们就要教孩子学会判断"现在最重要的事情是什么"。

为了让孩子学会合理安排时间，增强孩子的计划性和条理性，并培养孩子的自我管理能力，我们可以利用外出旅游的机会，跟孩子一起制定一份旅行计划。

在旅行之前，我们需要告诉孩子本次旅行的目的地、大概的行程、出行的交通方式等基本情况。父母跟孩子一起上网了解旅行目的地的概况、搜索一些旅行攻略。父母选择去往目的地的交通方式，并跟孩子一起查询相应的时刻表以及路上需要用多少时间，同时计算从家到车站或机场、从车站或机场到酒店所需时间。

我们跟孩子一起安排到达目的地后的行程，包括就餐、游玩的地点和所需时间等。最后，把安排好的行程计划输入电脑中，制作一张旅行计划表，并打印一份或多份。

教养贴士： 男孩大脑对同时完成多任务的过度刺激的主要反应是挫折感。在完成任务的休息时间，男性大脑会进入一种"睡眠状态"，使自己恢复、补充能量后为完成下一个任务做好准备。

一次只做一件事，"非诚勿扰"！

"我家儿子有个怪毛病，当他认真看书或玩乐高积木的时候，跟他说话总是很费劲，经常装作好像没有听见一样，始终不吭声。他做其他感兴趣的事情时，同样也有这个毛病。比如，到了该吃饭的时间，怎么喊他都不听，非得要做完才肯来吃，很多时候饭菜都凉了。我该如何纠正孩子的这个习惯呢？"

这样的画面，可能是绝大多数男孩父母经常亲眼目睹，甚至已经习以为常的了。如果你还像这位妈妈一样为此感到困惑的话，那么就应该多了解一些关于男孩的特点、男孩与女孩的差异等养育男孩的基本常识了。否则，你还会遇到更多看不懂儿子的时候，碰到更多令你困惑的问题。

有研究表明，男孩会对大脑活动进行区分，他们大脑处理血流的总量较女孩少15%，这种结构不利于同时进行多任务的工作。男孩大脑对同时完成多任务的过度刺激的主要反应是挫折感，表现为杏仁核肿大，这是大脑中愤怒和攻击性的核心。

在完成任务的休息时间，男性大脑会进入一种"睡眠状态"，使自己恢复、补充能量后为完成下一个任务做好准备。相反，女性大脑哪怕进入了休息状态，也不会像男性大脑那样彻底停工，进入"睡眠状态"。因此，一个女生即使上课想打瞌睡，她的大脑也会继续工作，也愿意睁大眼睛继续记笔记、处理收到的信息。

妈妈们可能都遇到过这样的场景，当你大声问你家儿子或老公他正在想什么的时候，结果他说"不知道"，或者当你噼里啪啦跟他们说了一大通，结果他们却说"没听见"。这个时候，妈妈们千万不要责怪他们，他们讲出来的很可能就是事实。因为他们可能正在做一件自己非常感兴趣的事情，大脑根本就无法同时接收到你的信息，抑或他们的大脑正处在休息状态，跟电脑处于关机状态一样。

当了解了男性的这一特点，我们就要对男孩和男人多一份理解和宽容，不要随便打断正在专心致志地做一件事的他们，因为很多时候男孩的专注力就是这样被无情破坏的。同时，我们还要鼓励男孩专注地去做他们感兴趣的事情，这就可以进一步提升他们的专注力。

了解不同成长阶段，孩子注意力的发展规律和特点

在孩子成长的不同阶段，注意力的发展，不仅跟大脑发育的进程有关，而且还跟这个阶段的认知、心理、情绪和社会性发展密切相关。

1. 婴儿期

新生儿不但可以分辨物体的轮廓，并且还能集中眼力注视这些物体。稍大一点的婴儿能更完整地观察物体的图案。4个月大的婴儿可以有选择地注意某一物体，并且保持注意，对伴有声音的运动刺激比无声的静止刺

激保持注意的时间更长。婴儿的注意强烈地受刺激新异性和习惯化的影响，当他们逐渐熟悉一个物体之后，对它的注意就会减少，也就更容易转移注意。

2. 儿童早期

在儿童早期，个体的注意又会发生一些重大变化。学步期的孩子随处走动，其注意从一项活动转移到另一项活动，似乎并没有花时间注意任何一个物体或事件。儿童在家里和幼托中心的经历会影响其注意和记忆的发展。一项研究发现，无论儿童早期（6个月到36个月）还是儿童晚期，在家中和幼托中心受到丰富刺激和悉心照顾的孩子，在一年级时注意和记忆能力发展得更好。

3. 学龄前

学龄前儿童对视觉注意的持续时间在学龄前的几年内有显著的增长，他们在看电视时每次可以集中注意长达半小时。有研究发现，学龄前儿童的注意与其成就能力及社会技能相关。还有一项研究结果显示，年龄较大的儿童以及社会性发展较好的儿童与年幼儿童以及社会性发展不完善的儿童相比，前者能更好地排除其他任务的干扰，将注意集中于目标任务。

4. 中小学阶段

6~7岁后，孩子能更好地集中注意力关注与执行任务或解决问题相关的内容。这一变化反映了孩子开始对注意进行认知控制。对相关信息的注意能力在小学以及中学阶段平稳发展，在青春期关注无关信息的行为明显减少。在需要时把注意从一项活动转移到另一项活动的能力是注意的另一重要方面，年龄较大的儿童和青少年能够比年幼儿童更好地完成需要注意转换的任务。分配注意能力的发展可能是由于个体拥有更多可用的心理资源，或是由于个体更善于分配心理资源。

通过玩游戏，培养孩子的抗干扰能力

注意是指心理资源的集中。在任何一个特定时刻，人们只能注意数量有限的信息。个体按照不同的方式分配其注意。心理学家将这些分配方法分为三种类型。

（1）持续性注意：将注意投注于一个选定的刺激上并且持续一段时间，也被称为警戒。

（2）选择性注意：将注意集中于与目标相关的信息，忽略其他无关的信息。如在一个拥挤的房间或嘈杂的餐馆中选择注意众多声响中的某一个声音，这就是选择性注意的范例。

（3）分配注意：在同一时间内将注意集中在不止一项活动上。如果我们在阅读一本书的同时，又在听音乐，那么正在进行的就是分配注意。

选择性注意主要依靠认知约束——控制内外干扰刺激的能力。擅长认知约束的个体能阻止与当前目标无关的刺激，避免这些干扰源吸引他们的注意。随年龄增长，抗干扰的能力会不断增强。从儿童早期到儿童中期，认知约束的获得特别显著，在青少年时期得到进一步的完善。

男孩的抗干扰能力，大都是在玩耍、游戏、运动、户外活动等自己感兴趣的事情中逐渐培养起来的。对自己喜欢的事情，男孩一般都能做到专注，不容易被其他东西分心。

通过玩拼图、找不同等很多游戏，可以培养孩子的抗干扰能力或者专注力。当孩子完全投入游戏时，他们根本就不会受外界影响而分心。专注力需要从幼儿阶段就开始培养，不能等到孩子进入小学以后才开始重视。除了拼图、找不同这些游戏之外，还有很多有助于培养抗干扰能力的游戏。下面是几个游戏。

★ 木头人游戏

这个游戏可以在家经常玩,很多孩子都喜欢。大人和孩子齐声说:"我们都是木头人,不许讲话不许动,还有一个不许笑!"不管什么姿势,都要保持不动,静止几秒钟。

★ 被窝游戏

周末的早晨,不着急起床,和孩子躺在被窝里,跟孩子一起商量一个口令。说口令之前,在被窝里扭来扭去,钻钻爬爬,怎么动都可以,但随着口令,就不能动了,静静地互相看着,看谁坚持时间长,谁先笑、谁先动就输了。

★ 角色扮演游戏

设计一个活动场景,大人和孩子扮演不同的角色。比如:医生看病,可以让孩子扮演医生,大人扮演病人。在玩这类游戏的过程中,孩子一旦进入状态,就会玩得不亦乐乎,也可以持续很长时间。

当然,我们还可以根据情况自己设计很多有利于孩子集中注意力,男孩也很喜欢的游戏。比如,父母选择适合孩子年龄大小的数字游戏,跟孩子一起玩"有趣的数字"。具体可以参考下面几种玩法。

★ 接数游戏

准备:数字卡片。游戏时,父母出示1~10的数字卡片,孩子看后逐一读出数字。首先了解数字的排列,并加深其印象。接着,提出要求,父母说出几个数,孩子接着往下数与父母一样多的数。例如:父母数1、2、3,孩子数4、5、6;家长数6、7,孩子接下去数8、9。孩子会玩后,可让孩子先数,父母接着数。

★ 数字颠倒复述

父母念出一组数字,如347,让孩子颠倒复述它,如374。先从三位数字开始，当孩子感觉容易对付了，便升到四位，再升到五位，如此类推。每天只能升位一次。每次训练十分钟。

★ 给数字画线

父母先在一张纸上写出几组数字，每组都是一连串的数字，一式两份，父母和孩子每人一份，同时做，看谁能又快又好地做完。介绍三种类型：在一长串数字的某个数字下画线，比如在数字"8"下面画线，如38755682686814408268103748 2686；在两个相同的数字下画线，如66038755347993429223966757 3396；在两两相邻的数字下画线，这两两相邻的数字是和等于10的两个数字，如85964587365591542875370910 9746。

★ 指读数字

画一张有25个小方格的表格，将1～25的数字顺序打乱，填在表格里面，然后以最快的速度从1数到25，要边读边指出，一人指读一人帮忙计时。父母可以多做几张这样的训练表，每天一练。

★ 复述数字

父母一开始先报简单的几位数，让孩子复述，再不断地增加一位数，让孩子复述。每次只增加一位数。比如，大人报"356"，孩子重复一遍，大人再报"3568"，孩子再重复，大人再报"35687"，孩子再重复，以此类推。孩子能记住的数字越长越好，但也要根据程度适可而止。坚持每天一练。孩子在不断复述当中，注意力必须高度集中，从而既锻炼了记忆力，又锻炼了注意力。

通过计划训练，提升孩子分配注意的能力

随着年龄的增长，孩子注意力的集中程度和持久程度都会随之增加。

同时，儿童的注意力发展又会发生另一个变化，那就是注意力会更具计划性，即提前想出一系列的行为，并将注意力进行分配以实现相应的目标。

注意力的计划性是与孩子的认知发展相一致的，为解决多步骤或多任务问题，男孩就需要学会选择和取舍，学会安排任务和步骤，确保有条不紊地完成每一项任务。同时，他们还需要随时检查任务完成进度和情况，并根据需要对计划进行调整。

通过计划训练，一方面可以提高孩子的自我管理能力，另一方面也能提升孩子注意力的计划性，增强分配注意的能力。

对于大多数情况来说，孩子们不可能同时集中注意力去做两件或者更多事情，一般只能在一个时间段全神贯注做好一件事情。因此，当面临很多任务需要完成时，孩子就需要根据轻重缓急选择最紧急和最重要的事情先做，甚至还要学会适当放弃一些不重要的事情。

为了让孩子学会区分事情的重要性，培养孩子分配时间的能力，提升孩子自主管理时间的能力，我们可以跟孩子一起玩"制作时间金字塔"的游戏。事先准备一张较大的纸或一块白板（或黑板）。

父母在纸上或白板（或黑板）上的左半部分画一个三角形，从下往上把三角形分为四层。以天、周或月为单位，把孩子每天、每周或每月需要做的事情，从上到下一一罗列在纸上或白板（或黑板）上的右半部分。

接下来告诉孩子，上面罗列的这些事情可以分为日常的事情（每天都会做的事情，比如吃饭、睡觉等）、紧急的事情（有时间限制的事情）、重要的事情（没有时间限制，但非常重要）、休闲的事情（可做可不做的事情）这四种类型。让孩子自己把这些事情进行分类，父母帮忙（大一点的孩子自己动手）写在左边三角形的相应区域。

最后，把制作完成的时间金字塔贴在（或放在）比较醒目的位置，并鼓励孩子对照这张时间金字塔，在相应时间段里自觉完成这些事情。

通过这样的方式，把需要做的事情提前做好计划，并根据情况进行选择，孩子就能在做一件事情时集中自己的注意力，不容易因任务很多、时间很紧而分散注意力。同时，在进行计划和选择时，也能逐渐提升孩子分配注意、集中心理资源的能力。

学会"闭嘴"，不要随意破坏孩子的注意力

当我们在四处寻找如何提升男孩注意力的灵丹妙药时，往往却忽略了另外一点，孩子的注意力，很多时候就是在大人以"教育"或"关心"之名的随意打扰中被破坏掉的，而我们往往却并没有意识到。

当孩子正在全神贯注地投入一件事或一项活动时，父母就需要学会"闭嘴"，不要在孩子面前逞能或炫耀，不要随意进行指导或关心，更不要随便打断孩子，我们只需要静静地在一旁观察孩子，或者干脆离开、该干什么干什么。

要做到不随意破坏孩子的注意力，我们还需要学会尊重孩子。当孩子正聚精会神地做着一件对他来说很重要或很好玩的事情时，请不要随意打扰他；当孩子说话时语言不连贯甚至表达不清时，请耐心地听他把话讲完；当男孩不愿意接受大人为他强行安排的事情时，请让他先做完自己喜欢的事。特别是当孩子在学习的时候，尽量不去打扰，不要打断他的思路，更不要随便把学习氛围破坏。

我们经常带孩子到一些公园的儿童游乐场玩。当孩子玩一些自己喜欢并且能够独立完成的游乐项目时，能不陪的我们尽量不陪，能不说的我们尽量不说，让孩子尽情享受游玩的过程。

但几乎每一次，我总会听到旁边的很多家长，一会叫孩子这样做，一会叫孩子那样弄；能陪的项目，很多家长也是一万个不放心，跟着孩子一

起上。结果,没学会"闭嘴"的这些大人搞得自己的孩子无所适从。在玩耍的过程中,如果孩子的兴致总是被家长无情地破坏,那么他们也就难以享受到游玩的乐趣。

对于已经上小学的男孩,我同样也会经常听说很多家长在孩子做作业的过程中,总喜欢以"指导"或者"关心"的名义随便打扰孩子,影响孩子的注意力。比如,当孩子正在冥思苦想一道难题时,家长就会"见义勇为",立马把答案脱口而出;当孩子正在聚精会神做练习时,家长就会嘘寒问暖,赶紧把水果塞进孩子嘴里;当孩子偶尔粗心大意做错题时,家长就会怒火中烧,立刻把孩子骂得狗血淋头。

当家长学会"该闭嘴时就闭嘴",无论玩耍还是学习,虽然不能保证孩子的注意力一定会得到提升,但最起码他们已发展的注意力不会受到无端的破坏。

教养贴士： 不管做任何事情，如果仅从态度是否认真这个角度来看，大多数男孩肯定不及女孩。我们需要在孩子入学前就养成认真做事的习惯，尽可能打消男孩们总想偷懒的那个念头。

喜欢偷懒，请你"认真"对待！

"我家儿子有个缺点，做事总想着偷懒。每天他要是专心练琴，只需20分钟就可以了，而且他要认真弹，也会弹得很好，只是他边弹边想着玩，而且还跟我讲条件，弹这个或不弹那个的。我有时很生气，但又不知道怎样让他养成认真做事的习惯。"

当看到这位妈妈给我发的留言时，我的脑海里立马浮现出很多关于我家二宝小雨的画面。如果遇到他不太想做、大人又希望他做的事情时，"我累了"这三个字就经常会脱口而出。这也是他想偷懒的最好借口。比如，有时候白天玩得比较累，晚上快睡觉时让他去刷牙洗澡，他就会千方百计地偷偷溜上床去直接躺下睡觉。当我们把他再从床上抱下来准备去洗澡时，他就会哭哭啼啼地不停嚷嚷"我好困"。

不管做任何事情，如果仅从态度是否认真这个角度来看，大多数男孩肯定不及女孩。这一点在幼儿园和小学的课堂上体现得淋漓尽致。记得大宝伊伊刚上小学的那段时间，她每天回家说得最多的一句话就是："今天王老师又表扬我们全班女生了，那些男生上课总是不认真，喜欢调皮捣蛋，王老师狠狠地批评他们了。最后害得我们全班放学又晚了。"

在上幼儿园的阶段，男孩们主要通过玩耍、游戏等方式进行学习和成长，所以他们不会感到枯燥和厌倦。而小学的学习方式跟幼儿园截然不同，以课堂教学为主，老师讲得比较多，学生动得比较少。这就更容易导致刚入学的男孩坐不住，甚至分心走神的情况出现。因此，我们需要在孩子入学前就养成认真做事的习惯，尽可能打消男孩们总想偷懒的那个念头。

认真的态度，从小事抓起

很多孩子的学习态度和习惯出现问题，往往都能在他们的生活态度和习惯方面找到根源。一个对待任何事情都很认真和投入的人，在学习上就不容易出现东张西望和敷衍了事。认真的学习态度，需要从认真的生活态度开始。

无论学习还是生活，从认真的这个角度来看，我家大宝伊伊一直都做得比二宝小雨要好。但对于生活中的很多事情，不论大宝还是二宝，我们都会要求他们认真对待。就拿收拾玩具这件事来说，这是令很多父母头疼的事情，两个孩子却让我们比较省心，而这个方面就是从小开始培养的。

当伊伊和小雨两岁左右的时候，每一次玩好玩具以后，我们就会要求孩子和大人一起收拾。我们还跟孩子商量一个规则，在没有收拾好刚玩过的玩具之前，不能再拿其他玩具；并且大多数情况下，一次只能玩一种玩具。每一次收拾玩具的时候，伊伊和小雨都跟玩这些玩具时一样认真和投入。到后来，他们就逐渐养成了认真收拾玩具的习惯，大多数时候都能自己一个人高效地完成。

上小学以后，伊伊自然就运用到了学习中。由于小学的课本比较多，每天的课表也不同，每次做完作业以后就需要把第二天要用到的课本、练习册和文具等整理好。每天的书包都是她自己负责整理，不需要带到学校的就分门别类地放到书架上。经过一个学期的观察，我发现她几乎从未出现过忘带课本或练习册等情况。不过，我们倒经常听她说起谁又忘记带书了、谁又忘了带文具等校园"八卦"。学校的老师，同样对她认真听课这一点留下深刻印象。从每天家校练习册上的记录来看，她几乎把老师的所有要求都原汁原味地传达给我们了，即使不能完整地写下来，她的口述也很完整和准确。

虽然小雨现在还处于幼儿园阶段，但他课堂上还是能够坐得住，也能做到认真听老师的话。就拿洗手这件事来说，以前我们没有太关注孩子怎样洗手才能洗得更干净。有一段时间，幼儿园老师教了他们如何把小手洗干净，还把洗手的步骤编成一首朗朗上口的儿歌，让孩子们记得牢牢的。从此以后，我发现他每次边唱儿歌边洗手，还洗得特别认真仔细。

为了让男孩养成自己的事情自己做的习惯，并培养男孩认真做事的态度和习惯，父母完全可以从洗手这件生活中的小事抓起。我们需要告诉孩子已经长大了，应该自己学会洗手了。

刚开始的时候，父母需要向孩子演示正确的洗手方法：

（1）用水淋湿双手。

（2）抹点洗手液。

（3）轻轻揉搓双手，手背、手心、指尖和指间都要清洗。

（4）用水冲洗小手。

（5）关上水龙头。

（6）用毛巾把小手擦干净。

演示完毕后，大人就要鼓励孩子自己从头到尾按照上述步骤做一次，并观察孩子洗手的过程；如果孩子洗得不认真或不干净，要让孩子重新再洗一次，直到孩子能够认真把小手洗干净。

认真的习惯，从倾听开始

要让幼儿园的孩子和小学生做到认真听课，除了需要具备认真的态度以外，还需要孩子具有一定的专注力，让孩子养成倾听的习惯。专注力能让孩子在一定时间内，把心思主要集中在一件事情上，不至于分心，不容易受外界干扰。一个具有很强专注力的孩子，更容易养成认真听课的习惯。

"倾听"是指集中精力认真地听。良好的倾听习惯是孩子养成良好学习态度，进而进行有效学习的重要保证。让男孩学会倾听，我们可以从了解倾听的礼仪和培养倾听的习惯两方面入手。

1. 让男孩了解倾听的礼仪

倾听时，眼睛看着对方；别人说话时，不随意插嘴、打断；讨论时把话听完整后再发表意见；学会控制，让大家都有表达的机会。

2. 培养男孩倾听的习惯

我们可以从如下几个方面着手。首先，教给孩子一些倾听的方法。如：带着问题听；听最主要的部分或重点部分；听、记、说相结合。其次，创造倾听的机会与环境。如：让孩子经常有机会在家庭中表达自己的想法，积极参与家庭成员间的交流，学习倾听；让孩子听清任务并尝试完成；经常做些"传话""找话语中的错误"等小游戏，让孩子学会仔细地听，并在倾听时进行积极的思考，提升倾听的能力。最后，给予及时的鼓励和表扬。如果我们善于发现孩子的进步，并给予积极的评价，就能满足孩子被肯定的需要，并激励他保持这种良好的倾听习惯。比如："你听得这么认真，对我真有礼貌""这么一小点区别都被你找出来了，你好棒"……一句赞扬、一个微笑，都能收到明显的效果。

为了让男孩通过耳朵来感知世界，培养孩子认真倾听的良好习惯，父母可以跟孩子玩"用耳朵来数数"的亲子游戏。

游戏之前，大人需要准备几个一元硬币，一个玻璃瓶或易拉罐。先向孩子展示准备好的硬币，让孩子把这些硬币排成一排，并数一数硬币的数量。

接下来，让孩子背对玻璃瓶或易拉罐，大人向玻璃瓶或易拉罐里面投入一枚硬币，声音要尽可能大，要求孩子仔细辨别硬币与玻璃瓶或易拉罐接触时发出的声响。如果孩子对这种声音不能很好分辨的话，可以再让孩子多练习几次。

当练习结束后，就可以正式让孩子通过自己的耳朵来数数了。大人把硬币投进玻璃瓶或易拉罐，每次只投一枚，如果孩子听到硬币落地时发出的"咣当"声，就从数字1开始报数，直到大人全部把准备好的硬币投完，并记住孩子最后报的数字。然后，让孩子把玻璃瓶或易拉罐里面的硬币全部倒出来，再数一数这些硬币的数量，检验一下是否跟孩子用耳朵数出来的数字相符。

如果孩子对这个游戏比较熟练了，大人还可以加大难度，让孩子离玻璃瓶或易拉罐的距离逐渐加大，听到硬币发出的声音越来越微弱，按照上述步骤让孩子通过耳朵来数数。

认真的行为，从细节入手

认真的态度和习惯，必须体现到具体的行为上去。认真的行为要从注重细节抓起。认真做事就需要从细节开始，只有把每个细微之处关注到，并落实到具体的行动之中,男孩才能真正做到认真对待一件事。

为了让男孩学会集中注意力,培养孩子认真观察细节的良好习惯,父母可以跟孩子一边读《轱辘轱辘转》这本绘本,一边玩"找金虫子"的游戏。

《轱辘轱辘转》是一本很不错的童书,大概每个孩子小时候都会喜欢。因为书上有各种各样的车,既有现实里面存在的,也有作者想象出来的,像什么鳄鱼车、皮鞋车,非常有趣。

由于作者安排了很多细节,使这本书可以一读再读。比如,他在每一页都画了一只金虫子,就是一只头上有触角、像五号字那么大的小甲虫,让孩子在阅读过程中从画面里面找这些金虫子。

大部分时候,这只金虫子藏在某个造型奇特的车的驾驶室里面,只露出两只眼睛和一对触角,有时候还戴着口罩。每页大约有15辆各式各样的车,书又是大开本,所以要找到它就需要仔细观察,关注到每个细节才行。

当大人在给孩子看这本绘本的时候,可以有意识地引导孩子去寻找每一页的金虫子。当孩子找到金虫子后,可以给孩子一个拥抱或者其他奖励。在孩子找金虫子的过程中,大人尽可能不要先给孩子任何提示,而是鼓励孩子自己寻找,在这个过程中让孩子学会从细节入手、认真观察。

认真的表率,从父母做起

在行为习惯方面,父母是男孩最好的表率。让男孩养成认真做事的习惯,父母首先就需要认真对待生活中的每一件事,尤其是跟孩子在一起的时候。然而,很多父母跟孩子一起玩的时候,常常心不在焉、左顾右盼,让孩子感觉是在应付差事,而不是高质量的陪伴。

其实,不管做什么事情,我们都要全身心投入,不能抱着应付和敷衍的心态。父母的敷衍了事，很可能就会给孩子树立凡事可以应付的"榜样"；父母的三心二意，很可能就会给孩子传递可以"一心两用"的信号。

我在家陪孩子玩的时候，通常会把手机拿到卧室去充电，以免时不时的电话、短信或微信来骚扰。在小雨两岁左右时，有一天，我正在陪他玩的时候，刚好需要处理一点紧急的事情，就从卧室把手机拿过来，开始在微信上处理。不到两分钟，小雨就开始大声冲我抗议了："爸爸，你怎么看手机了。再不把手机放下，我就要生气了，哼！"没想到，他竟然说得振振有词，让我颇为尴尬。

孩子们的眼睛是雪亮的，当我们在陪他们玩的过程中想要偷懒或三心二意时，我们的一举一动都会被他们尽收眼底。所以，我们时时刻刻都要注意自己的言行，做任何事情都要认真对待，为孩子们树立一个认真做事的表率。

教养贴士： 很多父母因为不信任孩子能够自己做好自己的事情，往往就剥夺了孩子自我成长的机会。一个总是依附于父母生长的男孩，永远都无法学会独立面对社会，无法自己独立生活，更谈不上成为一个能够顶天立地的男子汉。

自己的事情自己做，我真的能做到？

"儿子已经上幼儿园了，老师说他在幼儿园里面什么事都会自己做。可是回到家里，他就经常说，妈妈这个衣服有扣子，我不会穿；妈妈，这个衣服是拉链的，你帮我。我有时候考虑到冬天比较冷，也会顺着孩子。虽然这是小事，可是如果一直帮他，等他长大了，要是生活都不能自理咋办呢？"

男孩独立性不够，总是依赖大人，生活自理能力欠缺，自我管理能力需要提高等问题，虽然可能跟孩子的性格特点有关，但主要还是跟我们的教养方式密切相关。

很多父母因为不信任孩子能够自己做好自己的事情，往往就剥夺了孩子自我成长的机会。更令人担忧的是，这样做同时给孩子传递了一个信息，他是有靠山的，一切都可以由家长来帮他搞定。长此以往，孩子很可能就会觉得大人帮我是理所当然、天经地义的事情，甚至还会怀疑自己是否真有能力做好本该自己做的那些事情。

同时，如果男孩从小没有学会为自己负责，缺乏基本的自理能力，一旦父母成为孩子的靠山，那么孩子自然就不愿意主动承担自己的责任，导致他们心理上无法断奶、精神上不能独立，甚至缺失基本的生存能力。

在孩子心里，只要任何事情都能寻找到靠山，孩子就容易养成一种依赖心理，在心理上难以跟父母"断奶"。一个总是依附于父母生长的男孩，永远都无法学会独立面对社会，无法自己独立生活，更谈不上成为一个能够顶天立地的男子汉，最终失去作为一个人的意义。

男孩走向独立，必须经历四大关键期

生活能自理，是男孩走向独立的起点。其实，在男孩成长的每个阶段，他们都需要学会自己解决可以自理的事情。如果在本该自理的各个阶段，却没有掌握这个阶段的基本技能，或者在思想上总是依赖大人，那么，他们就不可能真正走向独立。

一般来说，一个人在走向独立的过程中会经历以下四个关键时期：

（1）2岁左右，开始出现独立意识。这个阶段，孩子会把自己想要的表达出来，还希望那些东西永远都是自己的，他们的口头禅就是"我""我的""我要"。孩子的生活技能、运动技能和语言能力等已经有了明显提高，已经可以开始自己吃饭，尝试自己穿衣等。

（2）6岁左右，是与母亲真正分离的起点。这个阶段，孩子既想要独立，又必须依赖妈妈。孩子的内心充满矛盾，爱走两个极端，也是母子之间纠葛最多的年龄。

（3）9岁左右，是独立而执着的年龄。这个阶段，孩子的独立性增强，在感情上表现出对他人不再过度依赖，希望摆脱对父母的依恋。他们的自我意识增强，能够独立完成一些生活事情，有较强的安全感。随着独立性的增强，爱思考、喜欢与人为善，也就成为这个阶段孩子的典型特征。

（4）青春期前后，为独立向各方宣战。独立是孩子整个青春期一直在追寻的东西，渴望脱离父母，树立自己的形象。一个孩子在整个青春期期间的所有一切，都是在寻找自我，认识自己，界定自己，依靠自己。他们以自己的方式向他人宣告自己内心的想法。

不同阶段，关注的重点不同

在上述每个关键阶段，男孩的独立性发展任务和需要具备的自理能力都不一样，所以父母的关注点也会不同。但无论如何，我们都不能错过培养男孩独立性的这些关键期。否则，我们的男孩就将永远无法成长为一个男人，即使生理上长大，心理上仍然处于孩子的时期，也还是一个大男孩而已。

1. 2~6岁：重点关注生活自理能力的培养

如果男孩没有在幼儿阶段养成生活自理的习惯，越到后面就越难自立。从两岁以后，在每个成长阶段，孩子都有自己的成长任务，在日常生活中都有自己能够独立完成的一些事情。

比如，一个2岁6个月左右的孩子，可以自己吃饭、自己背书包、自己整理玩具等等；4岁左右的孩子，可以自己洗脸刷牙、自己洗澡、自己上厕所、自己整理衣服和床、自己清洗盘子等；6岁左右即将进入小学的孩子，可以自己整理书包、做一些简单的食物、自己叠被子和衣服等。

2. 6~9岁：重点关注自主学习能力的培养

6岁以后，男孩将告别没有太多压力的幼儿阶段，进入小学，迎来人生第一个真正意义上的学习阶段。而学习这件事，要靠孩子自己来，父母不能成为主角。因而，在小学低年级，父母需要培养孩子的自主学习能力和习惯。

我们可以让孩子从以下几个方面入手：回家后主动做作业；作业之前先复习，做好作业后要预习；做完作业自己检查一遍；不会的题目自己先想办法解；每天按时完成作业，不磨蹭；自己整理书包；留心观察生活；喜欢独立思考等。

3. 9岁到青春期前：重点关注独立思考能力的培养

9岁左右，男孩的自我意识不断增强，同时也在学校学到一些基础知识，因而爱思考就成为这个阶段的主要特征。其实，独立的一个重要方面就是学会独立思考。一个从小喜欢独立思考的人，长大以后就比较有主见，不容易随波逐流，更不会盲目跟风。

培养男孩的独立思考能力，首先需要让孩子意识到自己的想法是有价值的。而好奇心和观察力是孩子独立思考的开始，如果孩子喜欢探究身边的所见所闻，无论多么微小的事情，父母都需要多鼓励，让孩子觉得他的想法很重要。

当孩子稍微大一点，父母就要鼓励孩子学会质疑和多问为什么，即使在成人看来很无厘头的想法，我们也要尊重孩子。孩子自发产生的质疑，就很容易引发他独立解决问题的意愿和能力。对于年龄较大的孩子，父母需要跟孩子讨论更多话题，在互相探讨的过程中引发孩子的独立思考，还可以利用一些话题来拓展孩子的思维。

4. 青春期：重点关注独立价值观的培养

整个青春期，男孩都处在自我定位的阶段。很多时候，他们就会以反叛的方式来向世界宣告自己已经成为一个独立的人。对很多事情，一旦形成自己的想法，他们就会坚持自己的见解和立场，不会轻易受到别人的影响和干预。因此，父母需要学会引导孩子形成独立的价值观。

曾在微博上看到一位爸爸，每天晚上睡觉前，喜欢问儿子三个问题：第一是今天在学校有什么要跟我分享的，第二是今天你觉得最好玩的事情是什么，第三是每天会选一个新闻事件或者话题，然后问你怎么看。

这位爸爸每天向孩子提三个问题，既是很好的亲子沟通，更是在潜移默化中塑造孩子的价值观。爸爸让孩子在潜移默化中形成对很多事情的看法，久而久之，就内化成自己的价值观。

让男孩学会为自己负责，培养孩子的独立意识

父母确实应该无条件地爱孩子，但这种爱，绝不是大包大揽，更不是帮孩子做出他需要做出的每个决定。孩子的人生只能是自己做主，任何大人都永远无法代替。否则，他的人生将留下很多遗憾，甚至会是残缺的。

从开始出现独立意识起，孩子就会逐渐发展自主感，开始尝试脱离父母，独自探索。这个时候就要求父母给予孩子自己选择的机会和权利，鼓励孩子自己做一些简单的决定。随着孩子身心发育的不断成熟，父母就要把更多的选择权交给孩子，最终让孩子学会对自己的人生做主。即使孩子偶尔选择失误，最终换来的很可能就是一次绝佳的成长机会。

凡是孩子自己能够做主的事情，大人可以帮助他，但最后决定权在孩子自己。遇到困难，我们可以多鼓励他，试试看自己可不可以想办法，如果实在想不到办法，我们可以帮忙提供几个办法，供孩子思考和选择。等到孩子尝试了，如果还是需要大人的帮助，就让他指挥大人该如何帮助。通过这种方式，孩子一直在思考，同时也会明白，这件事情始终是他自己的事情，而非家长的事情，他需要对自己的事情负责。

然而，现实生活中，有些父母却总是喜欢规划孩子的人生，剥夺孩子

自己做主的权利。在孩子成长的每个关键阶段，很多父母都乐意替孩子的人生做主，比如进什么学校、读哪方面的书、上什么补习班、学什么专业、找什么样的工作等。很多人还把这样做解释为"我太爱孩子了""我都是为了孩子好"等冠冕堂皇的理由。如果孩子自己的选择权得不到尊重，自己做主的权利被剥夺，那么孩子的自主感就难以建立，甚至无法学会基本的生活自理常识和能力，永远都学不会对自己的人生负责。

允许男孩犯错，让孩子增强自理能力

很多父母不愿意放手让男孩自己做事，还有一个重要原因，就是认为"孩子长大了自然就会"，如果太小，既不能把事情做好，还有可能把事情做错，给大人增添很多不必要的麻烦。其实，孩子的很多事情，四五岁的时候就完全可以自己完成，比如穿衣、脱衣、系鞋带、洗澡、吃饭、擦屁股、背书包等。

没有人天生就会自己做事，男孩的很多自理能力都是在一次又一次的试错中学会的。正如每个人学会走路都需要经历无数次摔倒一样，生活中的每一项技能都需要经过多次尝试才能熟练掌握。如果父母缺少对孩子的信任，没有对孩子的宽容，我们就没有理由责怪自己的孩子什么都不会做。

如果成长过程中没有犯错的权利和机会，孩子长大后就容易出现两种极端情况。要不什么都听父母的，等着父母帮他抉择、帮他思考、帮他承担，因为这样才不至于犯错；要不什么都和父母对着干，孩子也是人，也有独立人格，父母什么都代劳了，孩子还怎么体现自己的尊严和人格呢？所以，为了维护自尊，孩子通过对父母的要求全部采取相反的态度和言行，来证明自己是独立的人。

我有一个同事，他的儿子萧萧曾经是他的骄傲。记得萧萧上幼儿园时，同事邀请我去他家里做客。一进门，我就看见在他们家最醒目的地方贴着一张写得密密麻麻的纸。萧萧爸爸不无得意地告诉我，这是他给儿子列的66条不许犯的错误清单。上面包括不许打破杯子，不许跳得太高。他还说，为了保证儿子时时刻刻记住，每天临睡前，他都会给儿子朗读三遍，然后让他反省今天是否犯过以上的错误。

我听后瞠目结舌。在他们家做客期间，父母让萧萧做什么他才做，否则就一个人乖乖地坐在沙发上看图画书。上中学后，萧萧却成了让同事头疼的叛逆孩子，孩子的妈妈最后不得不辞职在家管孩子。

鼓励男孩的独立行为，让孩子体验成就感

培养孩子的独立性和生活自理能力，父母也不能急于求成。我们需要先给孩子一些力所能及的事情，创造条件和机会让孩子比较轻松地完成。既可以让孩子逐渐积累一些自信心，又能让孩子体验到独立做事的成就感。一旦孩子感受到自我的能量，他们在下一次的独立行动中就会有更大的动力，收获更多的成就感。

为了让孩子体验自己系鞋带的成就感，并让孩子养成自己的事情自己做的习惯，增强孩子的独立性和自我管理能力，我们可以选择一些具有一定挑战性的事情，鼓励孩子去尝试。

比如，父母可以通过教孩子学会系鞋带来让孩子体验独立做事的成就感。父母可以先告诉孩子，他已经长大了，有些事情完全可以自己动手做了，并告诉他今天要学习如何系鞋带。

父母最好事先陪孩子一起上网搜索一些系鞋带的方法，让孩子熟悉系鞋带的整个过程以及关键点。然后，父母拿出一双孩子的儿童鞋，最好是最近新买的鞋，按照以下几个步骤反复教孩子几次：

（1）两只手分别捏住鞋带的两端，让鞋带交叉。

（2）将一只手指放在鞋带的交叉点下面，将鞋带的一端穿过交叉点拉出来，打个结。

（3）将一只手的食指放到节点上面。

（4）把鞋带的一端圈成一个大点的环形，并用两只手指捏住根部。

（5）鞋带的另一端环绕步骤4做成的环形。

（6）用一只手指将鞋带的中间部分穿过这个环形，向你自己的方向拉出来，做成第二个大的环形。

（7）使劲拉这两个环形，让刚刚打的结更牢固，这样鞋带就紧紧地系在一起了。

系好鞋带后，父母多给孩子一些鼓励和肯定，如果是第一次系自己的鞋带，还可以跟孩子一起回顾整个过程，让孩子今后学会系自己的鞋带。

教养贴士： 无论多小或者多大的男孩，电子产品都是他们的最爱。跟其他刺激性没那么强的东西相比，快速移动的图像、震耳欲聋的声音、冲击力极大的特效和丰富多彩的人物能够更快也更强有力地进入他们的大脑。相比女孩，他们更容易沉迷于这些电子产品和电子游戏。

电子产品，可是我的最爱！

"现在的孩子大多都是玩电子产品长大的。做父母的，生活也离不开电视、电脑、手机、iPad，孩子从最初的感兴趣到后来能自主操控甚至沉迷电子游戏，让不少父母焦急不已。我家儿子也不例外，电子产品似乎已经成了能让孩子安静的电子保姆，等到我们意识到孩子沉溺于电子产品的严重性时，却不知道该怎么让他戒掉电子产品。"

这几乎已经成为困扰每个家庭的问题。身处一个高科技时代，如今的电子产品随手可得，比如电视、手机、iPad等。假如刚好又是一个男孩，那么这些诱人的电子产品甚至可能让他欲罢不能，父母往往对此束手无策。

其实，无论多小或者多大的男孩，电子产品都是他们的最爱。跟其他刺激性没那么强的东西相比，快速移动的图像、震耳欲聋的声音、冲击力极大的特效和丰富多彩的人物能够更快也更强有力地进入他们的大脑。而这些特点和要素，几乎符合所有电子产品的特性。

而且，男孩们主要是通过视觉刺激来获取信息的。大部分的男孩都是视觉学习者，这意味着他们倾向于从图像、符号、照片、图示、图表等视觉模式中吸收信息。

既然电子产品和电子游戏是男孩的最爱，相比女孩，他们更容易沉迷于这些电子产品和电子游戏，家长是不是就干脆不让儿子接触电子游戏，甚至不接触电视、电脑或任何其他电子产品呢？作为男孩父母，我们究竟如何对待这些电子产品、如何对待孩子玩电子游戏呢？

态度坚决，不允许孩子沉迷于电子游戏

我们可以允许男孩适当地玩电子产品和电子游戏，但绝不能允许他们毫无节制地玩，而且态度一定要非常坚决。如果孩子长时间沉迷于电子游戏之中，就容易上瘾，很难再把他们的瘾戒掉。这跟吸毒一样，一旦成为"瘾君子"，就很难自拔。所以，家长不要轻易鼓励和默许孩子痴迷于电子游戏。

我曾经看到过这样一幕，邻居家一个六岁的小男孩，一边吃饭一边玩iPad，而他的父母却没有阻止孩子玩，反而还追着孩子喂饭。当时我就想，这样的家长是不是在引导孩子沉迷于游戏中呢。果不其然，当孩子进入小学以后，仍然热衷于各种电子产品和电子游戏，无论怎么管束，都无济于事。当然，他的学习成绩只好一直在班上垫底。

想方设法，转移孩子的兴趣和注意力

男孩为什么容易沉迷于电子产品和电子游戏，很多时候是孩子觉得无

聊，觉得没有更好玩的事情，或者是没有人（家长或同龄伙伴）陪伴所导致的。所以，我们需要想方设法，引导孩子走出家门，寻找更多有意思的事情，不管是体育运动、亲近自然，还是朋友聚会。

如果男孩每天的闲暇时间，全部被电子产品和电子游戏所占据，这个时候家长就要当心了。我们需要让孩子认识到还有很多比电子游戏更有意思的事情，同时也要为孩子创造更多的机会去接触电子产品和电子游戏以外的世界。

我们需要多花心思和时间陪伴孩子，帮助孩子形成多方面的兴趣爱好。我们要经常带孩子到户外玩，比如接触大自然、亲近自然界，一起运动、一起下棋或者和同龄孩子玩。如果等到孩子已经把玩电子游戏作为唯一的爱好时，解决问题就困难得多了。

为了让孩子感受大自然的美好，给孩子更多的亲子陪伴，让孩子感受亲情，并减少接触电子产品的时间，父母可以选择周末或节假日，陪孩子一起到户外撒撒野。比如，开展如下的一些活动：

天气好的时候，一起去放风筝，能和孩子一起动手做风筝那就更棒了。

准备彩色笔，和孩子一起到户外画画。

下雨天，穿上雨鞋，带孩子玩踩水花的游戏。

雨后的夏天，到楼下花园里找蜗牛，看它们怎么背着小房子走路。

春天，带上小捞网，到公园的小湖捞蝌蚪。

去公园，坐过山车，告诉孩子，有你在，什么都不用怕。

冬天的时候，用大衣抱住他，只露出小脸蛋，一起出门去闲逛。

和孩子一起带小狗散步。没有小狗，带个玩具小狗也行。

一起去爬山，孩子走累了，牵他的手，背一段也没关系。

每年和孩子长途旅行一次或几次，去之前，和他一起选择要去的地方。

下雪时，和他一起去堆雪人。

去海边，和他一起玩沙，玩海水。

带他到公园草地晒晒太阳，让他躺在你的肚子上享受日光浴。

把他放到肩上，让他骑着马一样逛游乐场。

当然，除了上述这些户外活动，父母还可以根据家庭和孩子的情况，开展其他一些更加丰富多彩的户外活动。

宜疏不宜堵，充分发挥电子产品的其他功能

我的一个朋友，孩子已经上初中，家里一直不买电视、不装网络。我听说后感觉很诧异，问他为什么不买。他告诉我说主要担心孩子看电视、上网会影响学习。但是，他后来告诉我小孩有空就会偷偷跑到邻居家或网吧去上网和看电视。

一味禁止孩子接触这些高科技电子产品，我个人觉得这不现实，即使家里没有这些东西，孩子依然会很方便地找到这些东西的。21世纪已是信息化时代，无论成人还是孩子，离开了网络，工作和学习常常就无法开展。

在信息化时代，靠堵是没有办法让孩子与电子产品隔绝的。与其这样还不如让放手，引导孩子正确认识电子产品，认识到游戏只是电脑等电子产品的一个很小的功能，另外还有很多神奇之处，它也是我们认识世界、改变世界的重要工具。让孩子接触现代电子产品，让他们尽早学会运用现代科技，把这些电子产品除了游戏以外的功能发挥到最大。这就像大禹治水一样，宜疏不宜堵。

苏联教育家苏霍姆林斯基曾说："有些父母认为，他们对孩子的权利其主要表现形式是禁止，这种认识是错误的。假若对孩子只是一味禁止的话，就等于给他加上了镣铐，会使他变得畏缩、消极、无进取心。父母的要求不应只表现在禁止做这做那上，而最主要的是表现在提醒孩子去从事某些

有益的活动。"

为了让孩子认识电子产品的各种功能，教孩子学会使用电子产品的多种功能，我们可以通过一些方式让孩子认识到这些电子产品原来不只是他的游戏机。

父母事先对家里的电子产品的所有功能进行了解，可以上网搜索一些介绍的图片或视频。然后，父母把孩子能使用的电子产品全部找出来，一一摆放在桌子或茶几上。

父母先选择其中一个种类的电子产品，结合事先搜集的图片或视频，向孩子现场演示这个产品除玩游戏以外的其他功能，跟学习或教育相关的功能可以重点介绍，比如听儿歌、学英语、涂涂画画等。当孩子对某个或几个功能感兴趣时，可以马上教会孩子使用，并让他体验到这些功能的乐趣。

最后，要告诉孩子或让孩子认识到这些电子产品并不是专门给孩子用来玩游戏的电子游戏机，而是具有多种功能和用途的现代化工具。

和孩子一起，约定玩电子游戏的规则

由于男孩的自控力和约束力不够，需要父母适当进行引导和管束。但我们不可能随时随地看着孩子或者跟着孩子，所以，跟孩子一起商定玩电子游戏的规则就很重要。如果规则制定得很好，孩子遵守得很好，我们就大可不必担心男孩沉迷于游戏之中。

对于孩子玩电子游戏的规则，我们可以从以下几个方面约定：大人对于游戏内容需要了解，如有色情、暴力的内容，绝不允许孩子涉足；讲好每一次游戏的时间，比如半小时到一小时，并严格遵守；玩游戏之前，必须先完成作业；未经许可，不能随便到外面去玩游戏；不让幼小的孩子单独跟电脑或其他电子产品在一起，尽量在父母的视线之内。

为了让孩子学会遵守规则和承诺，培养孩子的规则意识和自我控制能力，父母可以根据上述商定的原则，逐一整理为书面的条款，通过电脑、手写等方式打印或书写，并逐字逐句念给孩子听。

当父母和孩子确认这些条款内容后，首先让孩子签上自己的名字（可以用拼音）。对于小一点的孩子（不会拼音或写字），可以让孩子跟父母拉钩，并把这个拉钩的过程进行录像保存。签完字后，父母把签好的内容张贴在家里比较醒目的位置，如墙上或冰箱上。

对于事先约定好的规则，在以后玩电子游戏的过程中需要严格执行，一旦孩子有违反，可以再把这些规则大声读给孩子听，并强调他曾经签过字、做出过承诺。所有家庭成员（包括老人）都需要严格遵守或执行已经跟孩子达成的这些规则，不要随意破坏。

父母以身作则，为孩子做好榜样

要想男孩不沉迷于电子产品和电子游戏，父母首先需要控制自己的游戏瘾，不玩或者少玩电子游戏，做好榜样。父母的一举一动无形中都会影响孩子。当我们手捧iPad时，孩子一定会惦记；当我们玩手机时，孩子一定会嫉妒；当我们打电脑游戏时，孩子一定会艳羡。

有一段时间，小雨妈妈特别喜欢手机中的一款游戏，经常在家玩这个游戏。当她玩的时候，刚开始，小雨就会凑过去看妈妈打游戏，到后来，他也看会了，就要求玩。我们没有太在意，就同意他玩这个游戏，只是每次不能超过半个小时。

最初，小雨基本上都能遵守不超过半小时的约定，到时间主动会退出游戏。可是，几天后，我就发现他已经迷上了这款游戏，有些欲罢不能的感觉。于是，他就不像当初那样遵守每次不超过半小时的约定了。当我要求他到时间就退出时，小雨就跟我抗议："妈妈每次不是都可以玩很久的吗？为什么我就不能啊？这不公平！"

这下，我终于知道症结所在了。后来，我就跟妻子商量，每天不要打太长时间的游戏，并把儿子的话转告她。妻子也意识到自己那段时间有些痴迷这款游戏，同意我的要求。接下来几天，妻子都注意控制自己的游戏时间，也告诉小雨不能超过妈妈玩的时间。没想到，孩子很快就又能遵守当初的约定了，每次仍然不超过半小时。

教养贴士：一般来说，女孩比男孩更早开口说话，大概早半年到一年左右，女孩的语言技能发展也较早，所以女孩比男孩拥有更出色的语言能力。女孩大多是"话痨"，男孩喜欢"沉默是金"。用一句话概括，那就是男孩大多"金口难开"。

我"金口难开"，请你耐心点！

"我家儿子两岁四个月，现在只会说'爸爸''一''二''车''喝'这几个字，有时候表达起来咿咿呀呀听不清说的什么。还不会说拜拜，不会挥手，但是会飞吻拍手掌。一岁之前是我带的，之后由于上班就送回老家给他爷爷奶奶带。现在宝宝回到身边，始终不愿意跟大人说话。听爷爷奶奶说，他们平时会教他说话，但是他不肯学，我们一个月回去一次的时候也很努力教他说话，他同样也不肯学，不感兴趣。平时在家他喜欢看电视，玩手机，玩滑滑梯，骑他的小车，吃水果零食，玩玩具。眼看比宝宝小的孩子都可以很利索地说话了，我很心急又很丧气，要怎么办才好呢？"

类似这样的问题，基本上都是男孩父母才会遇到。绝大多数女孩在一岁左右就会开口说话，两岁左右已经可以说完整的句子了，极少有女孩两岁后才开口说话的情况。一般来说，女孩比男孩更早开口说话，大概早半年到一年左右，女孩的语言技能发展也较早，所以女孩比男孩拥有更出色的语言能力。

男孩和女孩在语言发展方面的差异，除了开口说话晚这一点之外，其实还有其他一些体现，比如说话结巴的语迟儿童大多数都是男孩，女孩大多是"话痨"，男孩喜欢"沉默是金"。

用一句话概括，那就是男孩大多"金口难开"。大家可能要问："为什么会这样呢？"这就要追溯到男孩和女孩大脑发育的差异上了。女孩大脑中的语言中心——额叶与颞叶中的布罗卡区和韦尼克区，比男孩发育得更早，也更发达。同时，女性大脑中有更多的神经纤维链和神经中枢被用来负责词语发音以及将经历、情绪和认知等以语言形式进行表达。

即便如此，男孩父母也不必过于担心孩子的语言发展。大多数语言学家认为，人类习得语言是一种本能，是一种和吃饭睡觉一样的内在自然行为。与此同时，语言也是最大程度开发儿童智力的关键。因为语言是任何学习的基础，是和别人交流的必备工具，也是保持社会性和情绪健康发展的无价之宝。

语言发展分为语言理解和语言表达两部分。语言理解能力的发展先于语言表达能力的发展。语言理解能力主要包括：孩子能够理解的单词的数量；孩子能否听懂父母的指令；孩子能否听懂问题；孩子能够理解的句子的数量；对一些基本概念的理解；对一些抽象概念的理解，等等。

语言表达能力主要包括：孩子能够表达出来的词汇量；能否将单词组合到一起，组成短语或者简单的句子；孩子能否向别人提问；能否运用复杂的句子表达，等等。

很多男孩父母更关注自己的孩子几岁开始说话、几岁开始认字、几岁开始读书，往往容易忽视孩子的语言理解能力的发展。其实，语言理解能力是语言表达能力的基础，当然语言表达也能促进语言理解能力的发展。

那么，我们究竟如何促进男孩的语言发展呢？

大人经常说给孩子听，增强男孩的语言理解能力

语言是一种社会行为，在早期语言发展的每个阶段，孩子与父母或其他照料者之间的互动都发挥着非常关键的作用。因此，从婴儿出生的那一刻，大人就要经常说给男孩听。虽然刚开始孩子尚无法听懂大人的语言，但这样的亲子对话就是一种早期的"输入"，能极大地促进男孩的语言理解能力的发展。

1. 做一个主动的交谈对象

语言学习进步的程度取决于发音器官的发育成熟，但接受语言刺激也同样能发挥重要的作用。心理学有研究表明，婴儿在出生之前听到的"母亲的语言"可以"提前定调"婴儿耳朵接收的声音。婴儿在学会使用单词之前，会不断地通过哭声、咕咕声、咿呀声等来表达自己的需要和感受。这有助于提高婴儿识别和理解语言的能力。

研究发现，在最初的三年里，和很少听到父母说话的孩子相比，那些经常听到父母说话或者回应的孩子，他们的词汇量明显较多，而且以较快的速度发展。孩子听到的话语越多，他们的词汇量就越大。这里所说的主要是那些完全针对孩子的谈话，那些孩子无意中听到的电话交谈或电视中人物的交谈，是不能完全教会孩子说话的。

所以，当孩子还在娘胎中时，大人就要做一个主动的交谈对象，并一直保持下去，经常说给孩子听，保证婴儿能够从大人身上得到足够的语言刺激。

2. 大人重复说给孩子听

在咿呀学语期，大人通过重复婴儿发出的声音可以帮助婴儿逐步接近真正的语言。比如，当孩子懵懂地发出"妈妈""爸爸"时，我们就可以字

正腔圆地跟他重复这些简单的词语。婴儿就可能马上跟着大人重复这种声音。大人模仿婴儿发出的声音会影响婴儿发声的数量和语言学习的节奏。同时，这也有助于婴儿体验语言的社会性。

当男孩大脑内的神经连接创立的时候，小小的刺激就会对智力发育起到举足轻重的作用。一对一的重复、对话和唱歌，可以让孩子的语言能力得到彻底开发，创造更好的语言天分。

3. 帮助婴儿理解口语单词

到了9或10个月，多数的孩子已经能将词和词的意义联系起来了。实验表明，男孩、女孩都能理解诸如"不""鞋子""果汁"之类的词，家庭成员的名字，以及其他一些词汇，如"你好""再见"。

在一项研究中发现，母亲对9个月或13个月大的婴儿的发声和游戏做出反应，能够预测婴儿语言发展里程碑的时间，比如最初的口语单词和句子。大人可以通过一定方式帮助孩子理解日常生活中的口语单词。比如，我们可以指着一个玩具说"请把车车拿给爸爸"，鼓励孩子跟踪自己的视线；如果孩子没有任何反应，我们可以拿起玩具对孩子说"这是车车"。

4. 使用儿语化的语言风格进行交流

当我们和孩子说话的时候，不要担心其他人听起来会有什么感受。在大人和孩子交流的过程中，语言的情感比语言的内容更重要。如果我们仍然采用跟成人交流的语气和词汇对孩子说话，孩子很快就会感到枯燥，更不会认真听大人说话。我们可以把讲话的速度放慢，声调变高，用比较夸张的、抑扬顿挫的语气，使用简短的单词和句子，不断地重复。这就是儿语化的语言风格。

鼓励孩子说给大人听，提高男孩的语言表达能力

当到了两岁左右，大部分男孩都已经开始学说话，哪怕是迸出几个简单的词语。在语言表达方面，女孩的发育相对比男孩早一些。大部分女孩在一岁之前基本上就能清晰地说出几个词语或者短语，比如"妈妈吃"，大部分男孩可能都要到一岁以后才能达到这个水平。因此，只要男孩开口说话，我们就要多鼓励孩子说给大人听，逐渐提高他们的语言表达能力。

1. 帮助孩子扩大词汇量

和女孩相比，男孩的语言能力发展更多地依赖先天的遗传和后天环境的影响。下面这些可以帮助孩子扩大词汇量的方法，虽然对男孩女孩都适用，但对男孩尤为重要。

★ 从很小的时候开始，为所有能引起孩子兴趣和注意的物体、行为或者人物起个名字或者贴个标签。

★ 大量使用形容词（巨大、柔软、寒冷）、副词（快、慢、迅速）、介词（在……里面、在……旁边）、代词（你、我、他的）。

★ 多使用重复，重复那些孩子最喜欢的词语、最喜欢的动作和游戏。

★ 逐渐扩展一句话，比如那辆车、那辆小汽车、那辆红色的小汽车、那辆红色的小汽车飞驰而过。

★ 多问特殊疑问句，比如"谁的？""什么？""在哪？""为什么？"等。

★ 多和孩子讨论回忆以前的事情，这样孩子就会逐渐学会如何描述自己的日常生活。

2. 认真聆听孩子所说的话

由于刚开始说话的时候，孩子都会表现得很缓慢和吃力，因而有些家长就会迫不及待地帮助孩子说出他们的想法。大人一定要有耐心，无论孩子说得多么艰难，不管我们有多着急，都要让孩子尝试表达自己的想法，

等到孩子说完以后再去帮助孩子。

3. 经常跟孩子互动交流

父母对孩子的咿呀学语关注得越多，孩子模仿和做出的反应越多，从而咿呀学语的反馈也就越多。因此，经常跟孩子聊天，给孩子读故事书，这对促进孩子语言能力的发展将是非常有效的。

婴儿通过倾听大人说的话，学习语言。当孩子开始说话时，大人可以通过重复最早说出的词语和纠正发音来促进孩子的语言发展。在跟大人互动交流的过程中，孩子通过模仿可以学到很多词语和简单的句子。更为重要的是，大人在交流中对孩子的敏感回应和积极关注非常有利于孩子的语言发展。

4. 利用重塑法进行重新陈述

重塑是一种对儿童所说的话进行改变措辞的方法，通过把话语变成提问的方式、以完整语法的句子形式把孩子不成熟的语言进行重新陈述。比如，当孩子说"猫猫在叫"，我们就可以问他"猫猫在哪里呢？"；当孩子看见面包说"要吃"，我们就可以说"宝贝要吃面包"。

5. 大声读给孩子听

大人为孩子阅读的频次和方式可以影响孩子的说话能力，最终影响读写能力。大人为儿童阅读分为三种类型：叙述型、理解型和成就取向型。叙述型阅读，集中于描述图片中发生的故事，并鼓励孩子进行复述。理解型阅读，鼓励孩子更加深入地思考故事的意义，并做出推论和预测。成就取向型阅读，直接将故事讲完，在阅读之前向孩子介绍故事主题，读完后向孩子提问。

有心理学研究发现，如果儿童在1～3岁间经常听大人大声阅读，尤其是对话式阅读，那么，他们在2～5岁期间会表现出较好的语言技能，7岁时会表现出较强的阅读理解能力。

教养贴士：在阅读和写作方面，所有工业化国家的女孩都以"相当大的程度"胜过男孩。对很多男孩来说，阅读就是一种痛苦，在他们看来，成为一个好的阅读者就得做一个孤独者，必须安静地坐着不动。

不爱阅读，逼也没用！

"我家儿子从小就不爱看书。现在上小学三年级，除了课本，他从不会读点课外书，更别谈经典名著了。语文成绩一直上不去，作文也写不好。我该怎么引导孩子爱上阅读呢？"

不爱阅读的孩子中，男孩和女孩都会有。但要从比例上来看，男孩就远远高于女孩了。2003年，经济合作与开发组织的一份研究报告显示：在阅读和写作方面，所有工业化国家的女孩都以"相当大的程度"胜过男孩。具体表现在以下三个方面：

（1）男孩大脑生成的词汇一般不如女孩多。他们不太常用具有诸多连接感知中心和语言神经纤维链的语言中心。

（2）男孩不能自然地谈论并写出感知细节。他们在文章中一般不会运用太多的词语。

（3）他们不像女孩那样阅读许多书籍。

这就是大部分男孩的真实写照，也是令很多男孩父母头疼的一个问题。正是因为这样，所以男孩在语文成绩方面整体落后于女孩。在阅读和写作方面，为什么男孩总体来说不如女孩呢？大致有如下几个方面的原因：

1. 神经生物学方面的差异

关于男孩和女孩在神经生物学方面的差异，目前已有很多研究成果加以揭示。研究表明，男孩的大脑不像女孩的大脑那样适合阅读，因为男孩脑中5-羟色胺少于女孩，所以他们更加躁动不安，这也导致他们在阅读的时候坐不住。

2. 社会学习方面的差异

社会学习理论认为，女孩跟同伴的交谈更多，所以她们有更多的机会练习语言。此外，学校里的女老师比男老师多，女孩在语言和阅读方面有更好的学习榜样。女孩之间还会互相鼓励和支持。相反，男孩则容易抱团抵触阅读和写作。

3. 学校文化的影响

学校对男孩的期待与男孩的发展轨迹之间不协调，而且女老师往往也不能接受男孩的一些行为方式。如果男孩在学校调皮捣蛋或者犯错，往往会受到老师的惩罚或责骂，甚至还会被贴上太多"认为有病"的标签。

4. 课程教学方式

小学课程有80%都是基于语言的。学校不允许男孩阅读他们想要读的东西，也不让他们写他们感兴趣的东西。对很多男孩来说，阅读就是一种痛苦，在他们看来，成为一个好的阅读者就得做一个孤独者，必须安静地坐着不动。

既然这样，那是不是意味着男孩父母就干脆对孩子的阅读不管不顾了呢？当然不能就此放任自流、顺其自然，相反，正是因为相比女孩，男孩更不爱阅读，所以男孩父母就更要尽力去引导孩子爱上阅读。

营造家庭氛围，陪孩子一起读书

身教重于言教，这句话用在阅读上面也完全适用。要让孩子爱上阅读，父母要身先士卒，坚持每天阅读，不管是读书还是看报，首先要把家里的读书氛围营造好。

很多家长跟我交流，总说自己的孩子不爱学习，我一般都会先反问他们："你们在家里读书看报吗？你们还保持学习的激情吗？"大多数家长都会给我否定的答复。他们也会问我，到底怎么在家里营造读书和学习的氛围。

首先，在家里多买几个书柜，多买点书（尤其是经典图书）放到书柜上，有空就拿出来翻翻。我自己也是这么做的，家里的书房虽然不大，但四壁基本上都是书柜环绕。由于我的阅读兴趣和范围比较广泛，所以书架上除了专业书籍以外，还有很多历史、文学、哲学、心理、经济、管理、社会等方面的图书。周末或节假日有空的时候，我就会把这些书翻出来看看。

其次，当孩子坐在书桌边认真看书的时候，我们可以从书架上取出一本书来读，有时候甚至可以跟孩子一起坐在书桌旁，陪孩子一起读书。家长这样的一次示范，远比空口对孩子说一百遍要管用得多。如果家长实在觉得读书很困难，那我建议你每天哪怕把书拿出来，装模作样读上一个小时也可以。

通过睡前故事，点燃孩子的阅读兴趣

在电子化时代，虽然男孩更容易被电视、电脑、iPad等电子产品吸引，但作为父母，我们有责任点燃孩子的阅读兴趣，引导孩子步入阅读的殿堂，享受阅读的美妙。在孩子比较小的时候，我们就要多陪在孩子身边进行亲子阅读。睡前故事就是一种很好的方式，既可以培养孩子的阅读兴趣，还可以增进父母与孩子之间的亲子联结。

自从大宝伊伊上小学开始，我每天晚上都会花10～20分钟给她讲睡前故事。我们从《神奇校车》讲到《西顿动物记》《彼得兔和他的朋友们》，还讲了差不多大半年的《最美最美的中国童话》。这套书共有36本，每天一个关于中国传统文化的故事，既有童话故事，也有历史故事。通过这些生动有趣的故事，可以让孩子对我们的传统文化有更多的了解。因为听了《最美最美的中国童话》，伊伊自己也写了童话故事，虽然文笔幼稚，故事也不动人，但童话的种子已经在她幼小的心灵开始发芽了。

自从学校开始提倡读书活动以来，伊伊每天除了听我讲睡前故事以外，自己还会抽出半个小时左右读一些经典著作，比如《鲁滨逊漂流记》。在读这本书的那段时间，每天她都会兴高采烈地告诉我们，鲁滨逊在荒岛上又有了什么新奇遇，又制造出了什么好东西。"爸爸，鲁滨逊太厉害了，他居然知道把葡萄做成葡萄干，他还开始做面包了，我太佩服他了。如果以后我一个人在荒郊野外，我也知道想办法活下去！"

那段时间，不仅是每天放学回家看《鲁滨逊漂流记》，伊伊还把一套《绝地求生》放在书包里，她是准备把探险类书籍看个够了。在这些书中，伊伊每天都有新发现，她告诉我，人体的温度不能低于27摄氏度，否则就会因为低温而死去；她还告诉我，在沙漠中求生保持温度和寻找水源最重要……因为她读书，我也被科普了不少常识。

经过一年多，我很欣喜地看到，伊伊开始越来越喜欢阅读了，她还会自己安排固定时间来看一本好书。她甚至还请求我，周末带她到图书馆借阅自己喜欢的图书，感受阅读的氛围。

虽然二宝小雨目前还在上幼儿园，但我们也早已开始了每天的睡前故事，大部分时间都是小雨妈妈陪他一起阅读。从刚开始的儿童绘本，讲到姐姐曾经最喜欢的《最美最美的中国童话》，甚至还有很多小雨妈妈自编的睡前故事。每一次，小雨都听得津津有味，大多数时候就是伴着这些睡前故事进入梦乡的。当然，通过这些生动有趣的睡前故事，他也已经爱上阅读了。

阅读是一种重要的学习途径，同时也是感受快乐的一个体验过程。就像金庸所说："养成读书的习惯，读书中找乐趣，这个乐趣人家剥夺不了的。而且你遇到任何挫折，有个习惯是读书的话，什么失败什么挫折，都看不在眼，不放在心上，而且永远觉得一生很快乐。"

让孩子一起参与购书，增强孩子的自主性

很多家长觉得现在的孩子学习太忙或孩子太小，所有的购书环节都不让孩子参与。家长大包大揽的结果很可能就是，买回来的书孩子压根就不看。有可能是家长买的书并非孩子喜欢读的书，但更多的是没有从一开始就让孩子觉得读书是自己的事，而是为父母读的。

现在购书的途径很多，也非常方便。我们要让孩子一起参与购书，给孩子选择的机会。首先，家长要经常带孩子逛书店，参加书展，让孩子感受现场的气氛；其次，买书之前多听听孩子的想法，如果是家长认为该读而孩子不愿读的书，你也只是引导为主，不是自作主张买来强迫孩子阅读，这将适得其反。

我有一个朋友，孩子上小学，每次买书，她总是喜欢代替孩子做决定。所有买来的书，都是她认为重要的书。并且很多书，在孩子没有阅读之前，她还会帮孩子先看一遍，对其中认为重要的地方用红笔标注。当我向她的孩子问起时，他实话告诉我，凡是妈妈看过一遍、加有标注的书，几乎都没有看过。同时，他向我透露了一个信息，只要是自己选择购买的书，他都会认真看完，而妈妈帮他选择的书，大多没有仔细阅读。

为了让孩子体会阅读的氛围，让孩子学会自己选书，培养孩子的阅读兴趣，我们可以利用大型书展的机会，陪孩子一起去逛书展。

参展之前，父母最好跟孩子一起通过网络搜索并了解一些关于书展的基本知识，比如什么是书展、以往书展的现场、书展的类型和规模、本次书展的主题及类型、如何在书展现场选书、书展现场需要注意的一些事项（如爱护图书、人多要排队、人身安全）等。

参展当天，父母参考一些比较权威的推荐书单，根据孩子的年龄段选择部分书目，并跟孩子一起制作一份购书清单，把这些图书名称写在一张空白纸上。到达书展现场，父母陪孩子一起先参观整个书展（包括适合成人阅读的图书区域和少儿图书区域），让孩子对本次书展有比较直观的认识，充分感受书展现场的氛围。

接下来，父母跟孩子一起寻找购书清单上所列图书的展区，陪孩子一起认真挑选图书，并鼓励孩子选择自己想买的图书（购书清单之外的图书）。在购书过程中，父母可以观察孩子是否对这些图书感兴趣，如果购书清单上所列图书，孩子没有任何兴趣阅读，父母就要考虑是否需要购买。如果书展现场有适合孩子和大人的相关讲座，父母可以跟孩子一起听听讲座，尤其是一些童书作者、儿童文学作家、儿童教育（或亲子教育）专家主讲的讲座。

当孩子选定所有图书后，父母还可以鼓励孩子去收银台用信用卡付款，教孩子学会排队，了解付款的基本流程，并让孩子初步了解信用卡的基本知识，学习基本的理财常识。

下车后，父母要鼓励孩子帮忙一起把所买的图书搬回家，尽可能让孩子拿一些轻便的图书。当把图书拿回家，父母可以鼓励孩子帮忙一起整理和收拾这些图书，比如把图书进行归类、放入书架上的相应位置等。

最后，父母还可以跟孩子一起制订一份近期的阅读计划，把新买的这些图书尽可能列入这个计划。

经常带孩子去图书馆看书和借书

近年来，政府对公共的阅读投资有了比较明显的改善。一些大城市，自己家门口就能找到社区图书馆，硬件条件也非常不错。

我所居住的区域，走路不到一公里就有一个社区图书馆，开车五公里就能到达区级图书馆。硬件和藏书都还不错。自从伊伊上大班以后，图书馆就成为我们周末的一个好去处。最近，我们也开始经常带小雨去这个图书馆看书。

那个区级图书馆去年重新修建，面积很大，有五层楼，其中一层楼专门设为少儿阅读区，藏书量也算不少。周末有空的时候，我们经常带着孩子到图书馆看书、借书。一个爱书的人，必定也喜欢在图书馆遨游。当我们每次说起要去图书馆的时候，两个孩子都会兴奋不已，每次都会自己挑选喜欢的绘本或少儿图书翻阅，同时还会借三五本回家看。

图书馆，对于孩子来说，不仅是可以大量阅读的地方，其实也是一个有很多东西值得学习的地方。让孩子爱上阅读一直是我的心愿，也是对孩子的教育目标。

在图书馆看书和借书，我们对孩子选择的书不要做太多的干涉，不要强迫孩子选择你认为他应该阅读的书籍。很多家长愿意孩子读更多的能够长知识的书，不愿意孩子把时间花在故事、小说等书籍上。这本身就是一种功利的思想。阅读是帮助孩子打开思维、认识世界的重要途径。百科全书也好，故事小说也好，都能帮助孩子增长见识。只要不是充斥着暴力色情内容的书，孩子们看看都是无妨的。而且，大多数图书馆，一般会规定少儿的图书证不能借阅成人书籍，儿童一般也只能在少儿区域阅读。

PART III

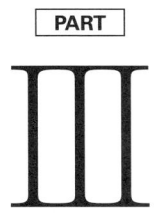

我要顶天立地！

一个小男孩，如何才能成长为真正的男子汉？以下这些男性的关键特质就不可或缺：有担当、高自尊、换位思考、有韧劲、敢创新、有远见、脚踏实地。父母需要做的就是尽力呵护他们的男性本色，培养他们的男性特质，帮助孩子健康快乐地成长为一个顶天立地的大男人。

教养贴士：对于男孩来说，责任心的培养，需要从小就重视，开始得越早越好。其实，在婴幼儿阶段就可以着手培养孩子的责任心，利用一些机会让孩子看到自己的行为和后果之间的联系，学着为自己的行为负责。

有担当，才是真男人！

最近的几十年来，我们的男孩正在变得以自我为中心。他们更关心自己应该拥有的权利和特权，而不是那么在意自己肩负的责任和义务。这既跟物质生活条件得到极大改善的客观因素有关，也跟父母过度娇惯孩子相关，尤其是那些从小养尊处优的独生子女家庭。

当我们不舍得让男孩吃苦，并尽可能满足他们的所有要求，使得他们轻易就能得到自己想要的东西，我们其实是在给他们灌输对生活不切实际的幻想，是在帮助他们滋生不劳而获的心理。等他们长大成人以后，他们就会步入真实的世界，体验真实的工作和生活，届时没有人会像贴心的父母一样把东西主动递到他们的手中，而是需要通过自己的双手和努力去获得。

很多家境很好的父母，由于太过溺爱自己的孩子，轻易满足孩子的所有需求，却没有教孩子学会如何承担责任，他们的孩子往往在成年以后仍然离不开父母，无法自立于这个世界。对于大多数人来说，工作和生活都是艰辛的，那些没有做好准备的、没有学会承担责任的男孩很可能就会经不起工作和生活中的挫折、失败与磨难，更谈不上做一个顶天立地、敢于担当的真男人了。

对于男孩来说，责任心的培养，需要从小就重视，开始得越早越好。其实，在婴幼儿阶段就可以着手培养孩子的责任心，利用一些机会让孩子看到自己的行为和后果之间的联系，学着为自己的行为负责。比如，孩子刚学走路的时候，如果走得太快就容易摔跤，而一次摔跤就是一次成长，让孩子明白下次不能走得太快，否则就有可能摔得更惨。

培养孩子的责任心是一个循序渐进的过程，不可能一蹴而就。最开始的阶段，孩子的自我意识逐步发展，他们只知道为自己负责；然后，随着与家庭成员的长时间相处，他们知道作为家庭的一分子需要承担家庭责任；当孩子进入小学，就会在一个更大的团体中学会承担责任，并在这个过程中获得成就感和满足感；随着孩子与社会接触更多，他们还会逐渐明白作为一个社会人，需要承担一定的社会责任。

作为男孩父母，我们需要把责任心从小根植在孩子的内心，最终把孩子培养成为一个身心健康、人格健全、敢于担当、顶天立地的男人。

从做家务开始，培养孩子的责任心

男孩出生后融入的第一个集体就是家庭，作为家庭的一分子，无论年龄大小，只要力所能及，就应该承担对家庭的责任。通过做一些跟年龄相符的事情，就是让孩子知道他做的哪些事情是对自己负责，哪些事情是对家庭负责。一些基础的家务活，就是培养男孩责任心的必修课，并且能够让孩子体会到自己对家庭的价值。

大多数父母都认同孩子应该做家务，但从什么时候开始做家务、具体做什么家务，却心里没底。究竟从何时开始让孩子做家务，主要标准不是年龄，而是孩子的生理和心理发育程度，就跟学走路和说话一样，不同的孩子会有不同的时间点。我们安排孩子做家务时，不要把只跟孩子自己相关的事情视为家务，那是孩子照顾自己的表现。真正的家务是那些能够让整个家庭正常运转的基本事务，跟所有家庭成员息息相关，比如做饭、打扫卫生、收拾餐桌等。

现在的很多家庭，不是有老人帮忙，就是请了保姆照顾，很多家务事都由他们全部包揽。因此，孩子几乎没有机会承担应尽的职责。无论是否有人帮忙照顾家庭，明智的父母一定会留一件或更多家务事给孩子做，并且要求孩子认真去做。有些家务事也许并不是孩子喜欢做的事情，但我们要告诉孩子，这是他的责任，必须去做。当然，如果孩子主动提出做一些力所能及的家务事，我们需要鼓励和支持，不要强行拒绝，更不要对孩子说"你还小，做不好""把学习搞好就行，这些事不用你管"等打击孩子的话。

在美国，孩子不论年龄大小，都被视为重要的家庭成员，所以父母会告诉孩子他们在家庭中应该负起的责任是很重要的，而承担家务则是最好的方式。不同年龄的孩子，究竟可以做哪些家务劳动？下面这张美国孩子的家务清单或许可以供中国的男孩父母借鉴和参考。

★ 9~24个月：可以给孩子一些简单易行的指示，比如让宝宝自己把脏尿布扔到垃圾箱里。

★ 2~3岁：可以在家长的指示下把垃圾扔进垃圾箱，或当家长请求帮助时帮忙拿取东西；帮妈妈把衣服挂上衣架；使用马桶；刷牙；浇花（父母给孩子适量的水）；晚上睡前整理自己的玩具。

★ 3~4岁：更好地使用马桶；洗手；更仔细地刷牙；认真地浇花；收

拾自己的玩具；喂宠物；到大门口取回地上的报纸；睡前帮妈妈铺床，如拿枕头、被子等；饭后自己把盘碗放到厨房水池里；帮助妈妈把叠好的干净衣服放回衣柜；把自己的脏衣服放到装脏衣服的篮子里。

★ 4～5岁：不仅要熟练掌握前几个阶段要求的家务，并能独立到信箱里取回信件；自己铺床；准备餐桌，从帮家长拿刀叉开始，慢慢让孩子帮忙摆盘子；饭后把脏的餐具放回厨房，把洗好烘干的衣服叠好放回衣柜；自己准备第二天要穿的衣服。

★ 5～6岁：不仅要熟练掌握前几个阶段要求的家务，并能帮忙擦桌子；铺床／换床单（从帮妈妈把脏床单拿走，并拿来干净的床单开始）；自己准备第二天去幼儿园要用的书包和要穿的鞋，以及各种第二天上学用的东西；收拾房间，把乱放的东西捡起来并放回原处。

★ 6～7岁：不仅要熟练掌握前几个阶段要求的家务，并能在父母的帮助下洗碗盘，能独立打扫自己的房间。

★ 7～12岁：不仅要熟练掌握前几个阶段要求的家务，并能做简单的饭；帮忙洗车；吸地擦地；清理洗手间、厕所；扫树叶，扫雪；会用洗衣机和烘干机；把垃圾箱搬到门口街上。

★ 13岁以上：不仅要熟练掌握前几个阶段要求的家务，并能换灯泡；换吸尘器里的垃圾袋；擦玻璃（里外两面）；清理冰箱；清理炉台和烤箱；做饭；列出要买的东西的清单；洗衣服，包括洗衣、烘干衣物、叠衣以及放回衣柜；修理草坪。

自己的事自己做，让孩子学会主动承担

一个在思想上、精神上真正独立的人，都会自觉承担自己该担的责任。但现实中，有很多男孩被父母照顾得太好，自己的事情不需要自己做，全

部由父母包揽，长此以往只能培养出一个永远依赖父母、始终无法断奶的"大男孩"。

如今的很多父母，考虑到孩子的学习压力大、作业负担重，从小到大，几乎不会让孩子干任何家务事。更有甚者，干脆把孩子本应该自理的很多事情全部揽到自己身上，成为"直升机"父母。他们这样做，还找到了一个很好的托辞，就是担心孩子做事耽误了学习时间，希望孩子一心一意把成绩搞好，其他事情都可以不用承担。

然而，这些父母大多会事与愿违。导致的结果就是，不仅孩子的学习成绩没有得到明显提升，反倒让孩子在学习上同样养成了依赖父母的习惯。甚至还有很多孩子这样认为，自己就是为父母和老师学习，似乎跟自己关系不大。究其根源，就是孩子对待生活和学习的责任心缺失。

我以前的一位朋友，在生活方面总是喜欢大包大揽，对孩子照顾得细致入微，一直到小学毕业，书包从来不会让孩子自己背，洗澡还需要妈妈帮忙，任何家务事都不会做。除了学习，孩子的主要任务就是打游戏。

从孩子上幼儿园开始，她还养成了陪孩子一起学习的习惯。有时候，幼儿园里面布置的手工作品，也几乎完全是妈妈主导完成的，偶尔还是妈妈全部代劳的。到了小学阶段，只要孩子在家写作业，她就会一刻不离地守护在孩子身边。对于孩子的学习，她完全做到了有求必应。买来给孩子看的一些书，她会自己先看一遍，然后用笔标出重点，再给孩子阅读。那位朋友曾经告诉我，到了小学，几乎所有培训班的课程也是她全程陪着孩子一起上的。

小的时候，孩子自然也很喜欢这样的陪读方式，因为有妈妈看管，甚至是代劳，他学习的知识就比别人多，完成的作业就比别人好，做出的手工就比别人漂亮。

小升初以后，妈妈逐渐感觉到这样做不是长久之计，于是开始慢慢放手，希望孩子能够自己搞定学习上的事情。但是，不到一个学期，孩子的学习成绩急转直下，很多同学能考满分的科目，他却只能勉强及格；别人能考及格的科目，他往往不能及格。同时，回家做作业，孩子总是喜欢拖拖拉拉，别人一个小时能做完的，他需要两三个小时才能完成。并且，如果她不坐在旁边看着，孩子做作业的速度还会更慢。

当她向我诉苦的时候，我明确告诉她，目前这个状况就是她自己一手造成的。她对孩子的学习管得太多、逼得太紧、陪得太多，对孩子的生活照顾得太好、帮得太多，扼杀了孩子的责任心。这样既剥夺了孩子独立成长的机会，更剥夺了他学会为自己负责任的机会。她就是一位典型的"直升机"父母，而过度保护下长大的孩子对责任两个字也没有太多感觉。

其实，进入小学以后，孩子的学习主要应该靠自己，无论在学校还是在家。这就需要孩子具有一定的自主学习能力和基本的责任心。而一个有责任心的孩子，不但会把学习当作自己的事，还会有很多方面的突出表现，比如信守承诺、遵守规则、敢于担当等。

让孩子拥有责任心，同时也是培养孩子独立性的一个重要方面。自己的事情自己做、对自己的行为负责、勇于承担责任等，本身就是践行独立性的最好证明。相应地，一个生活无法自理、学习独立性不够的孩子，压根就不会想到很多事情是自己应尽的职责和义务。

教养贴士： 无论成就动机还是自尊，男孩和女孩都存在一定的性别差异。心理学有研究表明，在整体自尊方面，男孩略优于女孩。男孩与女孩在自尊方面的差异，在青少年时期更显著，并且持续整个成年期。

高自尊，才能成大事！

古代社会，"男耕女织""男主外，女主内"是天经地义的事情。现如今，虽然这些传统观念不再那么根深蒂固，但从古至今，男性总是被寄予更高的社会期望。换句话说，那就是人们总喜欢"望子成龙"，希望每个男孩长大成人之后都能成就一番大业。

"成大事"的关键是孩子的成就动机。成就动机，是个体追求自认为重要的有价值的工作，并使之达到完美状态的动机，即一种以高标准要求自己力求取得活动成功为目标的动机。而成就动机的背后就是高自尊。古希腊哲学家苏格拉底曾经说过："一个人是否有成就，只有看他是否具有自尊心和自信心两个条件。"

无论成就动机还是自尊，男孩和女孩都存在一定的性别差异。心理学有研究表明，在整体自尊方面，男孩略优于女孩。在小学阶段，一般来说，女孩的学习成绩比男孩好，不过此后这个差异会逐渐减少，男孩开始在数学的学习上表现出很大优势。男孩与女孩在自尊方面的差异，在青少年时期更显著，并且持续整个成年期。

同时，成就动机在性别上的差异是与任务类型相关的。男孩对自己有更高期望的是在"男性"成就领域，如数学、体育、机械技能等方面；女孩具有高期望的是在"女性"领域，如语言、艺术等。

那么，作为男孩父母，我们就需要多了解一些关于儿童自尊的基本常识，并懂得如何从小激发孩子的自尊心。

自尊的五大源泉，你一定要知道

自尊，指的是个体对自己做出的、能长期保持的评价，表明个体对自己的能力、重要性、成功和价值的信任程度。说得更通俗一点，自尊就是对自我价值的感受和体验。

自我价值的总体感受一般和两大因素有关，一是感到自己有能力，二是从他人处接受到的社会支持的数量。那些自我价值体验比较高的人，会对自己有价值的能力感到满意，同时也感受到别人的支持和对自己的接受。要提高自尊，我们就得同时提高社会支持和能力感受，增强自我价值的积极体验。

美国心理学家苏珊·哈特曾经花了20年时间来研究自我和自尊的发展。在一个研究自尊的大型项目中，苏珊·哈特提出孩子评价自我的五个方面，这就是儿童自尊的五大源泉：

（1）学业能力：孩子如何看待自己在学业上的能力。

（2）运动能力：孩子对自己体育运动能力的感受。

（3）社会能力：孩子是否感到受同伴的欢迎。

（4）外表长相：孩子觉得自己有多好看。

（5）行为举止：孩子认为自己的行为被他人接受的程度。

幼儿一般都会倾向于高估自己的这些能力，从大约7岁开始，孩子在评价自己时会变得更加现实，也更一致。他们既承认失败，也承认成功；既承认消极的方面，也承认积极的方面。这个趋势在整个学龄期一直不断发展。不过在不同的成长阶段，自我评价时的关注重点也有所不同，在儿童期中期，同伴交往能力和运动能力最为重要；从青春期开始，外表长相几乎成为所有孩子最看重的方面。

当孩子刚进入幼儿园或小学的时候，高自尊能帮助他们尽快适应不断增加的学习压力和日趋复杂的同伴关系。当遇到问题或困难时，较高的自尊水平就会给孩子注入一剂强心针；当遇到老师的不公或同学的鄙视时，较高的自尊水平就会让孩子"不屑一顾"。

苏珊·哈特的研究指出，3~7岁的高自尊儿童有两大特点：在紧急情况下从容不迫；在面对挫折或困难时拥有心理弹性。因此，我们需要从幼儿阶段就开始重视培养男孩的自尊心和自信心，逐渐提升孩子的自尊水平，让孩子的学习和生活变得更从容、更开心。

数数自己的优点，引导孩子发现自己的重要能力领域

天底下没有一个人是十全十美、无所不能的。每个孩子都有自己的强项，也有自己的短板，让孩子找到对自己来说最重要和最擅长的能力领域，对提高自尊是很关键的。

对孩子而言，在他们认为最重要的领域表现得有能力时，他们的自尊水平就较高。如果孩子总是拿自己的短板去跟别人的长处进行比较，他们的自尊水平就会较低，很多时候就会表现出不够自信，不够主动。

为了让孩子正确认识自身的优点、长处，引导孩子发现自己尚未认识到的重要能力领域，增强孩子的自我认知和自我评价，提升孩子的自信，

我们可以跟孩子一起玩"数数自己的优点"的亲子游戏。

父母选择一个孩子情绪积极稳定的傍晚，晚餐后和孩子一起到小区或附近的公园散步，先跟孩子聊聊一些开心的事情，让孩子尽可能放松。

接下来，父母告诉孩子活动规则，大人和孩子轮流数一数对方身上的优点，看谁数得最多。然后，父母和孩子就开始互相罗列对方的优点，越具体越好，并用阿拉伯数字编号。

当把优点数完后，父母可以引导孩子一起发现大人和孩子各自的缺点和不足。在数的过程中，父母可以把手机的录音功能打开，将数优点、缺点的过程进行录音。回到家后，父母和孩子一起重新听一遍录音，由孩子或大人根据录音把大人和孩子的优点和缺点写在纸上或输入电脑制作成一张清单，进行保存。

过段时间，父母再把整理好的这份清单拿出来，重新对照，看看自己和对方又多了哪些优点、少了哪些缺点。

创造机会，让孩子在积极的体验中提升自尊

相信自己有能力做什么，并通过一些积极的体验来收获成就感，可以发展出孩子的高自尊。这就需要家长多在生活中创造一些机会，鼓励孩子去自己寻找成功的感觉，去体验胜利的喜悦，从而提升自信，提高自尊。

为了让孩子认识自己的强项和能力，锻炼孩子的胆量，增强孩子的成就感，提升孩子的自信心，我们可以鼓励孩子搞一场家庭音乐会，从中获得积极的体验。

父母选择一些跟孩子有关的重大节日，比如儿童节、圣诞节、春节等，在节日来临之前，告诉孩子在节日当天为全家人搞一场家庭音乐会，具体节目完全由孩子自己决定。

当把孩子的兴趣和积极性调动起来后，就要鼓励孩子提前进行每个节目的排练，让孩子对这场家庭音乐会引起足够重视。节日当天，爸爸或妈妈可以作为家庭音乐会的主持人，为孩子报幕。在家庭音乐会期间，全家人都要围坐在一起，认真观看孩子的每个节目，当孩子表演完毕后，立即鼓掌加油。

如果孩子在表演过程中怯场，大人需要及时给予鼓励和肯定，或者跟孩子一起表演部分节目。整个表演过程，可以安排一个人进行全程录像，将这场家庭音乐会的视频保存好。家庭音乐会结束后，全家人都要表达对孩子的节目和表演的赞美和肯定，并感谢孩子的精彩演出。

表演结束，大家一起陪孩子回看视频，让孩子感受自己的表演过程，增强自身的成就感。

家长会夸，才能夸出孩子的高自尊

在儿童发展早期，家长的无条件支持和积极关注会影响孩子的自尊水平。所谓无条件支持，是指不管孩子做了什么，我们都喜欢他们；积极关注是指把孩子看作有价值的人，让他们知道他们因为自己而得到别人的欣赏，包括他们的优点和缺点。如果孩子早期得到了家长无条件的支持，当他们长大后就会把积极关注内化，会赞赏自己，激发自己心理上的正能量，所有这些都会帮助孩子提高自尊水平。

要给孩子无条件支持和积极关注，说起来容易，做起来却很难。大多数家长给予孩子的大都是有条件的支持和关注，很多时候我们并未意识到这一点。比如对待孩子的学习，只有孩子考试得了高分，很多家长才会表扬孩子，这样的支持就是以他的行为结果为条件的支持。而无条件的支持和关注，应该是只要孩子在学习上取得了进步，并不一定是考了高分，我们都会给孩子鼓励和赞美。

确实，如今的家庭教育比较流行赏识教育，家长们特别喜欢鼓励孩子，总是一味赞美孩子。无论孩子做了什么事，无论孩子的表现如何，我们总喜欢脱口而出："宝贝，你真棒！"

那么，是不是只要家长表扬了，就真的提升了孩子的自尊和自信呢？盲目的鼓励和表扬，绝不是开启孩子自尊和自信的万能钥匙。恰恰相反，如果表扬不当，反倒会收获一个目中无人、眼高手低的自大狂。倘若如此，就可以毫不夸张地说，家长成天挂在嘴边的"你真棒"就是捧杀孩子的一剂"毒药"。

家长只有学会正确的表扬方式，才能真正地帮助孩子提升自尊和自信。换句话说就是，家长会夸，才能夸出男孩的高自尊。

1. 别让"你真棒"成为我们的口头禅

我们这一代人从小到大都是在父母的严厉批评和经常责骂中长大的，很少听到父母对我们的正面鼓励和肯定。很多亲子教育的文章和图书，也对这样的传统教育方式进行了批判，并建议家长要采取赏识的方式教育孩子，对孩子多鼓励、多表扬，这样才能培养孩子的自尊心，才能树立孩子的自信心。

因此，当我们为人父母之后，就总是希望自己的孩子不要重蹈覆辙，而是永远沐浴在各种赞誉声中快乐成长。于是，很多家长就容易走向另一个极端，对待孩子的言行，一味地赏识，全都是鼓励。

很多家长对孩子进行毫无原则、永无止境的赏识教育。"宝贝，你真棒""孩子，你是最棒的"等鼓励孩子的话，开始成为我们的口头禅。泛泛而谈、不着边际的表扬，开始成为我们每一天的必修课。

然而，父母对孩子有一个重要的责任，那就是鼓励和肯定孩子行为的正确性。只有当孩子做对了，我们才能无条件地鼓励和肯定他，而不是随时随地无条件地表扬他。一旦"你真棒"成为家长的口头禅,久而久之,孩子就会失去基本的判断力,搞不清楚到底哪些是他真的做对了,还有哪些是自己做得不好、需要改进的地方。

2. 请用事实和细节取代"你真棒"

家长对孩子的表扬,要尽可能做到具体、真诚,实事求是。我们要用那些真实而具体的事实和细节来取代"你真棒"这个口头禅。我们可以来对比一下如下这几段话。

妈妈:"你今天在游乐场的表现真棒啊!"

妈妈:"宝贝,你今天在游乐场跟苗苗一起玩的时候,表现得很好哦。当她不小心摔倒后,你马上就过去把她扶起来了,还问她疼不疼。苗苗也跟你说谢谢了,是不是很开心啊!"

爸爸:"你今天上课的表现真棒。"

爸爸:"宝贝,今天你上体验课的表现很棒哦。既积极主动地回答老师的问题,又能很好地遵守课堂要求和纪律。所有老师都喜欢这样的学生。等你以后上学了,老师肯定都很喜欢你的。"

我们在表扬他人的时候,能明确地指明原因,能毫不夸张、实事求是地说明理由,那么,你的表扬就能让被表扬的人感受到这不是虚与委蛇的客套,而是发自内心的真诚赞美。这对被表扬的人来说,是值得感动和开心的事。

因此,我们需要睁大眼睛寻找孩子的优点和值得表扬的地方。因为表扬不是敷衍,不是随口一句"你真棒",而是需要实事求是,需要真诚,需要具体。每个家长,都需要去做一个功课,积极地寻找孩子在日常生活中的一点一滴的闪光之处,加以表扬,绝不能再用一句简单的"你真棒"来敷衍了事。

教养贴士：拥有共情能力，可以帮助孩子更好地与人交往，帮助他们养成良好的行为习惯，使得他们能够关注别人的需要，学会换位思考，同时还能够促进他们获得自我认同感。男孩的共情能力通常发展得比较晚，教会男孩去感受和想象别人可能有的感受，也是一件不太容易的事情。

换位思考，才能感同身受！

具备共情能力，能够换位思考，是进行积极的社会行为的关键因素，也是人与人之间所有关系的基础。但对于如今的独生子女来说，集万千宠爱于一身，理所当然地会以自我为中心，很难做到为别人考虑，很少表现出同情心。而当孩子进入幼儿园和小学以后，人际交往的范围不断扩大，人与人之间的关系变得日益多元，自我中心将遇到团队合作的挑战，这就要求孩子需要逐渐学会感知别人的感受，学会站在别人的角度考虑。

什么是共情能力呢？它是指能在一定程度上感知和理解他人的感受并且愿意给予一定帮助的心理。这是善良、尊重、诚实、责任心、独立性等许多良好品质的基础。在成长过程中缺乏共情能力的孩子，长大后一般容易出现以自我为中心、麻木不仁，甚至自恋等行为。

拥有共情能力，是确保孩子不会偏离正确的成长轨道的重要因素之一。它可以帮助孩子更好地与人交往，帮助他们养成良好的行为习惯，使得他们能够关注别人的需要，学会换位思考，同时还能够促进他们获得自我认同感。发展神经学家认为，能够感知发生在别人身上的事情，且感同身受，是共情能力的源泉。

然而，由于男孩喜欢争强好胜，并且不善表达自己的情绪，所以男孩的共情能力通常发展得比较晚，尤其是那些被贴上"小霸王"标签的小男孩。即使到了六七岁，男孩们也不会表现出很强的共情能力，教会男孩去感受和想象别人可能有的感受，是一件不太容易的事情。尽管这些感受很大可能是存在的，但我们不会从他们身上看到太多。八岁之前，男孩们都还不完全具备共情能力去理解别人的感受，去换位思考。

其实，共情能力的萌芽最早出现在孩子一岁左右，他们能通过面部表情感受到别人很痛苦，并且会用自己的方式去表达同情。我们经常会看到一岁多的宝宝试着去安慰一个正在伤心哭泣的小伙伴。

因此，在男孩成长的早期，父母就要重视培养他的共情能力，并且持续进行，最终让孩子顺利成长为一个富有同情心、能换位思考和感同身受的人。

让孩子体验别人的感受，学会换位思考

共情能力的培养，需要孩子初步具备以下几个方面的能力：强烈的自我意识，知道自己和别人的不同；识别别人表情的能力；具有丰富的情感，能承受他的感受；理解别人为何产生某种感受；为了考虑别人从而规范自己的行为。

父母可以经常采用情感体验法来引导男孩，通过帮助孩子理解他自己的行为与该行为引起的别人的痛苦之间的关系，来培养孩子的同情心。比如，当儿子动手欺负小伙伴之后，父母可以这样对孩子说："宝贝，不能打人！你把阳阳吓哭了，看他哭得多伤心啊！如果把他的脸抓伤了，会一直

流血的，当然他就会更难过的。"

父母需要根据孩子在不同阶段的发育特点，创造机会让孩子去体会别人的感受，鼓励孩子站到别人的角度去想问题，让孩子学会换位思考。我们可以通过一些角色扮演或真实场景，让孩子学会感知别人的感受。

为了让男孩体会别人受伤的痛苦，学会照顾他人，培养孩子的同理心，妈妈们可以跟孩子一起玩"妈妈受伤，我该咋办"的亲子小游戏。

游戏之前，妈妈不要告诉孩子这是一个游戏。妈妈事先在家选择一个比较大一点的空间，当着孩子的面，突然装作摔倒在地的样子，并表现出一副摔得非常严重的痛苦状，比如大声喊痛、无法站起来、不能移动身体等。

当孩子惊慌失措时，妈妈引导孩子如何帮助和照顾自己，比如搀扶妈妈、给妈妈找一个棍子、为妈妈吹一吹受伤的地方、给妈妈拿药等。整个过程可以持续10分钟左右，妈妈一边观察孩子的反应，一边引导孩子如何做。游戏结束，妈妈要对孩子在这个过程中做得比较好的方面及时给予鼓励和肯定。

引导孩子从身边做起，让他们学会关爱他人

让男孩拥有同情心，并非一定要让孩子刻意去做惊天动地的事情。我们完全可以引导孩子从身边的小事做起，首先学会关爱家人和朋友。

当然，让男孩学会关爱他人，父母首先需要给孩子创造一个充满温馨、相互关爱的家庭氛围。在一个稳定和谐的家庭中长大的孩子，能够从家人身上感受到关爱和幸福，更容易主动为他人着想。而那些生活在缺少关爱的家庭环境中的孩子，往往会首先为自己的需要考虑，甚至还会不顾其他人的感受。

为了让男孩学会关爱别人，培养孩子的共情能力，我们可以跟儿子一

起玩"我是小护士"的游戏。

父母首先准备一套仿真医药箱小护士系列玩具,选择一个亲子互动的时间,跟孩子一起玩角色扮演游戏。大人扮演病人,孩子扮演小护士。

刚开始的时候,大人要告诉孩子自己是什么症状,哪里不舒服,并表现出一副非常痛苦的样子。接下来,引导孩子戴上听诊器为自己把脉,听一听病痛部位的情况,让孩子初步判断什么病情。

然后,引导孩子给自己打针吃药,在打针和吃药过程中大人要尽量表现得痛苦一点,让孩子体会病人的痛苦。最后,大人要表现出打针吃药后病情减轻的情况,让孩子明白医生和护士对于病人的重要性。

游戏结束,父母要对孩子在角色扮演时做得比较好的地方及时给予鼓励和肯定,如果还有需要改进的地方,也要及时指出来。

培养孩子的善良,让他们学会乐于助人

男孩是否具备共情能力的一个重要体现,就是看他是否愿意帮助别人。当别人遇到困难时,能够伸出援手或同舟共济;当家人生病的时候,能够主动问候或帮忙做力所能及的家务事;当朋友有难的时候,能够主动惦记或问候。而要做到这些,孩子首先需要具备善良的品质才行。

我们怎么才能让男孩存善心、做善事、成善人呢?对孩子向善的教育,可以从以下几个方面入手:

1. 父母以身作则

在一个善良的家庭长大的孩子,将拥有健全的人格和良好的品德。巴布尔博士说:"孩子的品德教育必须从摇篮中就开始,因为现在社会所缺乏的不是聪明人而是高尚的人。"要想培养出善良的孩子,父母首先要注意自己的一言一行,处处为孩子树立榜样。

2. 鼓励孩子多做善事

善良不能挂在嘴边，需要通过实际行动来体现。父母从小就鼓励孩子做一些力所能及的善事，比如把自己的礼物送给别的小朋友、把自己穿过的衣物捐给贫困家庭，让孩子通过一些身边的小事体会做善事的成就感。

3. 通过故事感化孩子

在我们的传统文化中，有很多关于真善美的脍炙人口的故事流传至今，并成为一股强大的精神力量支撑着我们在向善的道路上前行。这些善行故事，也需要我们传承给下一代，深深地印在孩子的脑海，让孩子在听到"××在此时此刻是怎么做的"时，就立刻明白我们的意思，或坚持应该做的好事，或者马上消除欲做坏事的念头。

4. 教育孩子不要作恶

在孩子成长过程中，总会遇到一些风险，经历一些凶险。当孩子面临作恶的考验时，我们是教育孩子弃恶从善，还是鼓励孩子弃善从恶，很多家长可能认为需要根据具体情况处理。但我还是建议，教育孩子向善始终是家长应尽的义务。因为一旦鼓励孩子作恶，哪怕就一次，也会让孩子觉得作恶并不可耻。

强化利他主义，促进孩子的亲社会倾向

有研究表明，与那些不认为自己非常善良、富有同情心、乐于助人的人相比，把亲社会倾向看作自我概念重要组成部分的青少年和成人，确实具有更强的亲社会倾向。因此，大人鼓励孩子把自己看作利他主义者，是促进利他行为的一个重要途径，尤其是对于年龄稍大一些的孩子。

1. 及时表扬孩子的利他行为

当孩子做出了一些利他行为时，我们就需要及时表扬他的这种行为，

但不要泛泛而谈，而是针对具体细节。比如，当看到别的小朋友哭得很伤心，如果孩子递给他一张餐巾纸时，我们可以这样表扬他："你真是个懂事的宝贝，一张餐巾纸就让豆豆不再那么难过了。"我们还可以进一步鼓励孩子的利他行为，比如让他给豆豆一个拥抱，安抚情绪低落的豆豆。

2. 身体力行，做孩子的榜样

社会学习理论认为，鼓励利他并身体力行的成人对儿童的影响方式有两种：一是通过利他行为，成人的榜样可以引导儿童表现出相似的友好行为；二是成人不仅做出榜样行为，并且经常向儿童做有关利他的宣讲，帮助儿童内化社会责任规则等，从而促进儿童利他性的发展。

父母还可以利用日常生活中的一些机会，经常强化孩子"善良""富有同情心"等方面的自我概念。

如果父母经常实事求是地给孩子贴上这样一些"标签"："你是一个善良的小朋友""你很喜欢与人分享""你总是乐于助人""你很有同情心"等，就可以让他把这些特质看作自己性格中比较稳定的方面，整合进他的自我概念中去，并在别人需要的时候主动提供帮助。

营造积极的家庭氛围，提升孩子的情绪安全感

有研究发现，对孩子温和、精心呵护的父母，表达积极情绪多于消极情绪的父母，其孩子的共情能力和亲社会倾向更明显。

因此，父母需要为男孩营造一个温馨和谐的家庭氛围，让孩子经常体验积极、支持性的情感，从而提升孩子的情绪安全感。当孩子的情绪需要经常得到父母的满足时，将有助于孩子克服从别人的痛苦中体验到的焦虑，使他们倾向于把自己的移情唤醒解释为同情，而不是个人的痛苦。

> **教养贴士：** 培养男孩坚韧的品格，是帮助男孩成长为男人的一个关键点。坚韧也是一种能力，它可以使人很快地从困境中摆脱出来，让男孩学会在逆境中永不放弃和退缩，让男孩通过不断战胜困难来塑造自己的性格。

韧劲十足，才能坚持不懈！

坚持不懈就是一种长时间的坚定不移，或者克服困难的意志力，是在面对困难、失败和挫折情况下，做一件事或完成一项任务所需的不懈努力。这是所有男孩必不可少的一项重要品质。身处困境，却不屈不挠，就能成就男孩的坚韧，塑造男孩的顽强，磨炼男孩的意志。

培养男孩坚韧的品格，是帮助男孩成长为男人的一个关键点。坚韧也是一种能力，它可以使人很快地从困境中摆脱出来，让男孩学会在逆境中永不放弃和退缩，让男孩通过不断战胜困难来塑造自己的性格，从而在男孩心中建立起自信。

一个心理韧性很强、意志很坚定的男孩，就像一棵垂柳，在猛烈的狂风暴雨中它会弯曲但不会被折断，它还可以在风平浪静后恢复到比原来更强壮的状态。有些人也把这种能力称为抗挫折能力。

作为男孩父母，我们究竟如何培养孩子坚韧的性格呢？

陪孩子一起爬山，让他们挑战自己的极限

培根曾说："旅行对于年长的人来说，只不过是一次经历，而对于年少的孩子来说却是最好的教育。"对于男孩来说，徒步旅行、爬山、露营等活动，是磨炼自己意志力的最佳时机。通过这样的活动，可以让孩子不断超越自己，挑战自己的极限。

父母可以选择周末或者节假日的时间，找一个适合孩子年龄大小的地方，陪孩子一起去爬山。爬山的一些注意事项如下：

★ 准备充分，只带必需品。出发之前，父母一定要准备充分。爬山所必备的物品主要有以下这些：水、适量的食物（可选择较轻的蛋糕、饼干等）、水果（可选择剥皮即食的香蕉、橘子等）、雨衣、登山鞋、创口贴（谨防意外擦伤）、纸巾、清凉油、垃圾袋、毛巾等。

★ 爬山之前先热身。爬山是一项较高强度的体力运动，在爬山之前，要进行热身活动。我们可以和孩子一起压压腿，双脚离地跳一跳等。

★ 给孩子多带一件外套。在山脚下，我们一般感觉不到冷。随着向山顶慢慢地靠近，温度会越来越低。父母要为孩子准备一件外套，外套的厚度取决于季节和当地的气温。

★ 让孩子走在父母前面。为了孩子的安全着想，父母要让孩子走在自己前面，也可以在宽敞的路段选择手牵手并排行走。不要让孩子远离你的视线，还得不时提醒孩子慢步行走，注意脚下的路，谨防滚落的小石子和开裂的台阶。

★ 爬山不忘爱护环境。爬山之前，父母要准备好一个垃圾袋，自己亲自做好示范，将爬山途中产生的垃圾装入垃圾袋带下山并扔进垃圾箱中。同时，要告诉孩子，大自然是人类的好朋友，我们要一起保护它。

★ 鼓励孩子坚持到最后。当孩子爬了一段时间，觉得很累不想再爬或

者吵着要父母背着走的时候，我们要及时鼓励他坚持到最后。

★ 及时给孩子擦汗和喝水。在爬山过程中，父母要注意安排休息的时间，及时给孩子补充水分，并用随身携带的餐巾纸或是毛巾给孩子擦擦汗。

如果孩子坚持爬到了山顶，或者没有爬到山顶，但一路上表现都很棒，差不多达到了极限，父母就要多给孩子一些鼓励和肯定，尤其是表扬孩子坚持到底、敢于挑战自己的精神。

和父母一起行走的时候，孩子在不知不觉中会散发出力量。在这个过程中，男孩的内心也会变得强大。徒步旅行、爬山等活动，对男孩来说就是培养他内心力量的最好手段。通过这种方式培养起来的男孩，将来无论遇到什么困难都会勇于战胜。你的孩子在日后的成长过程中，不可避免会遇到很多的困难和挫折。和父母一起度过的那些珍贵时光和记忆，对克服困难就具有很大的作用。很多时候，战胜困难的力量正是从你爱的人给你留下的珍贵画面中诞生的。

鼓励孩子克服困难，磨炼他们的意志力

当面对生活中的困难和挫折时，我们可以有两种选择：一是轻易退缩、轻言放弃；二是坚持不懈、勇往直前。如果选择前者，一辈子可能都不会有所成就；假如选择后者，我们就可以把这些困难和挫折看成是自我成长、磨炼意志的契机。正如一句话所说，"胜利者永不退缩、退缩者永无胜利"。

如今的物质条件比较优越，生活环境大为改善，这对孩子们的成长无疑会更有利。随之而来的却是，顺境中成长的孩子往往经不起风吹雨打，坚持不懈的品质也就难以得到培养。但是，任何人的一生都不可能一帆风顺，如果想在未来的生活中面对更大的困难，那么就必须学会在逆境中坚

持，正所谓"苦其心志，劳其筋骨"。不断地在逆境中克服困难、坚持下去，就能逐渐磨炼孩子的意志力。

没有一个孩子天生就具有顽强的意志力，这需要父母在孩子经历苦难和挫折的时候，尽可能抑制住"营救和帮助"他们的冲动，让他们亲历磨难甚至痛苦，给他们成长和锻炼的机会。在日常生活和学习中，难免会遇到一些需要付出很多努力、经历很多痛苦、花费很多时间的事情。比如，对于很多琴童来说，每天坚持练琴半小时到一小时，并非轻而易举的事情。

我还清楚地记得，在我上小学时，到书店买了一本很厚的《新华字典》。我买的时候没有仔细翻开看，回家后才发现，这本总共500多页的字典，中间有几十页存在很大的瑕疵，一面是正常的，另一面完全是空白的。当时缺乏生活经验，我压根不知道还可以去找书店退换。

于是，我就找同桌借来一本同一个版本的字典，开始了疯狂的修补计划。从缺损的第一页起，我完全照着这本完好的字典，逐字逐句地用圆珠笔抄写。在那一周多的时间里，不论是下课休息还是回到家，一有空我就会拿出字典来拼命地抄写。

一两天后，我开始眼花缭乱、手臂发酸，有时候做梦都会梦到自己在抄字典。越到后面，我就越想放弃，恨不得马上再去买一本新的来用。不过，每当我想放弃的时候，我都会想到既然已经抄了这么多，再咬咬牙、坚持下去，过两天就可以大功告成了。

其实，我当时这样做的一个重要目的也是想考验一下自己的意志力。真没想到，就这样坚持了差不多十来天，我终于把最后一页给补上了。就在我全部修补好字典的那一刹那，内心的那份喜悦和成就感真是无以言表。从那以后，每当面对困难和挫折时，我总会想起这件事情。即使现在回忆起来，我仍然对当时的情景历历在目。

每次在我给两个孩子绘声绘色地讲这件事的过程中，他们都听得津津有味，甚至有些目瞪口呆。听完后，他们甚至忍不住对我说："爸爸，我觉得你太傻啦！你为什么不去再买一本好的字典呢？"

看着孩子们似乎仅把这个当故事在听，我有些着急了："宝贝，爸爸之所以给你们讲这件事，其实是想告诉你们，很多事情都是需要付出努力、敢于坚持才能做好的。有位名人曾说，世界上没有任何东西可以取代坚持。爸爸妈妈支持你们学钢琴，并不是要求你们一定要考过多少级，而是希望你们长大后能有自己的一两个兴趣爱好。要学好钢琴，就一定得克服学琴过程中的困难，坚持每天练习才行。"

让孩子学会接纳失败，增强他们的心理韧性

不管在生活还是学习中，不可能永远都只有成功，没有失败。对待失败的态度，就决定了下一次是否能够成功。既然"失败乃成功之母"，那么任何人都要学会接纳自己的失败。也可以这样说，真正的失败其实就是不能接受自己的失败。

对待失败的态度、对待逆境的回应，可以体现出一个孩子的心理韧性。这种韧性是一种能够应对任何挑战的内在力量。在如今这个快节奏、处处充满压力的世界上，所有的男孩都需要具有克服困难的能力和应对失败的能力，无论是在竞技场上，还是在学校里。

那么，我们如何引导争强好胜的男孩，坦然接受自己的失败呢？

认可孩子的努力。只要孩子在做任何一件事的过程中认真过、努力过，即使失败了，他们的努力都不应该遭到否定。从某种程度上说，认真的态度、努力的过程比侥幸的成功、偶然的结果更重要。一次又一次的失败，其实就是在锻炼韧性的"肌肉"，提升跨越下一个障碍的能力和信心。

理解孩子的心情。当孩子遭遇失败时，我们要充分理解他的心情。可

以这样对孩子说："儿子，我知道你这次考得不好，心里很难过。爸爸小时候考不好也会伤心甚至痛哭一场。只要认真总结这一次的教训，爸爸相信你下一次一定会考得更好。"这样就会让孩子坚信，父母永远在他身边，支持他、鼓励他，使他敢于接受任何失败，增强自己的心理韧性。

帮助孩子汲取教训。每一次失败，都可以变成一次成长的机会。但前提是善于从过去的失败中总结经验和教训。只要帮助孩子找到失败的根源，孩子就可以避免下一次再出现同样的失误。当孩子积极地汲取教训、正确地面对失败，他就会获得两种认识："我已经知道如何做，才能避免下一次的失败，而且我一定能够做到"；"无论发生什么，我都能自己处理"。经历这样一个心理过程，孩子的心理韧性就会增强，意志力自然也会得到提升。

教孩子勇于面对挫折，让他们学会坚持不懈

男孩的成长之路不可能一帆风顺，一定会遇到各种各样的困难、挑战和挫折。当孩子遇到挫折时，父母的态度和做法就会影响他的坚韧和意志力。如果父母有策略地回应孩子遭遇的挫折时，他就更有可能很快从挫折中恢复过来。如果大人妥善地应对孩子的惶惑和沮丧，孩子就会保持充分的自尊，以再次面对世人，继续尝试，并将挫折视为个人成长和学习的良机。

遭遇挫折而能重新振作过来的孩子，清楚地了解自己的价值和能力，相信自己能影响发生在自己身上的事情，能够自在地接受不确定因素，善于解决问题，总体上对生活抱有乐观态度。

父母究竟该如何做，才能引导男孩勇于面对挫折，让他们学会坚持不懈呢？可以参考如下的一些建议：

★ 给孩子安全的交谈时间。当孩子觉得和某个人关系亲密,并且能够理解发生在自己身上的各种事情时,他们较有可能从挫折中恢复过来。但是,必须选择合适的时间和地点。如果孩子觉得很难开口与你交谈,可以尝试一起出去散步。

★ 增强孩子的内在力量。信任他;相信他能干,让他拥有一定的生活自主权;尊重他对世界的看法,并告诉他你爱他。当他遇到挫折时,及时伸出援手。不要嘲笑他,也不要对他说"你怎么会让自己陷入到这场困境中呢"。

★ 提升孩子的自尊心。当孩子遭遇挫折时,可能会比较难过,为让他重新振作起来,再次从容地面对世界,他需要拥有加倍的自信和自尊。如果他认为你尊重他,那么,他也会尊重自己。而那些常遭人责备、羞辱的孩子很难保持自尊。自尊的建立一定程度上源于他们承担责任,并且他们成功地承担起了责任。

★ 给孩子足够的情感支持。处于压力和困境中的孩子,更加需要他赖以依靠的成年人给予安慰。根据孩子的年龄大小,父母可以尝试如下一些与他亲近的办法:当他洗澡的时候,同他聊天;在他睡觉前坐在他的床上;坐在他旁边,陪他看电视;陪伴他去公共汽车站。

★ 帮助孩子汲取经验教训。我们总能从挫折中汲取一些有益的东西。孩子也可以利用这一机会,在经历挫折之后变得更强大、明智和能干。不要让孩子将挫折归因于自己无能,而应将之看作学习的良机。当他能认识到问题的症结,他就会知道如何改正错误,并重新获得对事物的控制力。

教养贴士：陶行知先生曾说："处处是创造之地，天天是创造之时，人人是创造之人。"作为男孩家长，如果我们能够在观念和做法上有些改变，则有可能让我们的孩子多一分创造力；如果我们经常鼓励男孩敢于创新，则有可能让他们的"脑洞"大开。

敢于创新，才能"脑洞"大开！

"我家儿子总是喜欢在家搞破坏，还把很多玩具和电器拆开，然后东拼西凑，自己发明一些新玩意儿。有一次，听老师说还差点把幼儿园里的电视机搞坏。我真是头痛啊！"

假如你刚好碰到这样一个既喜欢"搞破坏"，但又喜欢动手创作的儿子，作为父母，是喜还是忧呢？不同的教养方式，不同的教育观念，家长给出的答案可能就会截然不同。

陶行知先生曾说："处处是创造之地，天天是创造之时，人人是创造之人。"作为男孩家长，如果我们能够在观念和做法上有些改变，则有可能让我们的孩子多一分创造力；如果我们经常鼓励男孩敢于创新，则有可能让他们的"脑洞"大开。

鼓励男孩自由探索，呵护孩子的好奇心

男孩的好奇心是其创造力形成和发展的前提，也是创造性活动的巨大驱动力。如果没有好奇心和探究欲，人类社会就会缺失很多的发明和创造。幼儿阶段的孩子往往具有强烈的好奇心，对周围的一切新鲜事物都表现出浓厚的兴趣，喜欢提出各种各样的问题，并一直追问到底。这就是创造力的萌芽。

作为男孩父母，对于孩子表现出的好奇心和探究欲，我们需要予以呵护、鼓励和引导。鼓励孩子了解和探索世界，呵护孩子的好奇心，孩子的想象力和创造力就将源源不断。好奇是儿童的天性，正是这种自由玩耍和探索，可以让他们了解世界，并激发他们创造力的火苗。

首先，就需要父母给孩子多留一些自由探索的空闲时间。只有在这个自由自在、轻轻松松和漫无目的，甚至是倍感无聊的时刻，他们才能无拘无束地去了解和探索这个世界，发挥自己的想象力，并且付诸行动。那些只是追着家长事先规定好的时间表跑的小孩，根本就没有自由支配的时间去好好发展和实施他们的创造能力。所以，男孩父母要多给孩子一些空闲时间，让他一个人去消磨打发。

其次，父母要在日常生活中鼓励男孩主动了解和探索世界。我们可以从鼓励孩子蹲下身子仔细观察路边一只蚂蚁或蚯蚓的爬行，站在树下认真聆听夏日的蝉鸣，用手去轻轻抚摸兔子尾巴或敲敲乌龟的壳等日常生活做起。或者，我们和孩子一起静静地躺在草地上，仰望着天空飘过的云朵，问问孩子："你看见了什么？小兔子、大象还是一个城堡？"只要运用一点点想象力，就可能产生最有创意和最疯狂的点子。在这个过程中，孩子的好奇心和探究欲就会得到进一步的激发和呵护。

最后，父母尽量让男孩自由自在地玩耍。孩子们在自由玩耍的时候，

总是能不断发现新的事物、不断改变和重新组织自己的活动。不论是他自己一个人，还是在一个群体之中，父母都应该尽量让他自由自在、不受干扰地自由玩耍，尽可能展现他的想象和创意，这其实也是童年回忆最美好的一部分。

鼓励男孩多动手，激发孩子的创造力

正如陈鹤琴先生所说："儿童本性中潜藏着强烈的创造欲望，只要我们在教育中，注意诱导，并放手让儿童实践探索，就会培养出创造能力，使儿童最终成为出类拔萃的符合时代要求的人才。"

创造力既是一种创新思维，也是一种把思维变成既定事实的行为。有创造力的人不仅有这样的想法，而且还把这种想法予以实现。《乔布斯传》里面提到，乔布斯一直是动手能力非常强的孩子，所以他能够把他所想的很完整地做出来，表现出来。

反观我们现在的孩子，从小时候做手工开始，很多都是由父母代劳。家长更愿意孩子把时间花在学习而不是创作上。别说制作什么手工作品了，就连最基本的生活起居，父母都恨不得帮孩子全部包办。

因此，我们需要鼓励男孩多动手、多实践、多尝试，在亲自动手的过程中，很多创造性的想法和思考经常会自动引发。

1. 多玩拼搭类玩具

给孩子选择玩具时，我们需要注意玩具的多元性和变化性，多选择一些变化较多、自由组合机会较大的拼搭类玩具。最好不要给孩子买那些固定的、不能拆卸的玩具，而是买一些随着孩子层出不穷的新主意、可以不断得到变化的多样性玩具，例如建筑玩具或是拼装玩具都是很好的选择。

当男孩很小的时候，我们可以多给他们买一些需要自己动手操作的玩具。比如：活动的七巧板原本就涵盖空间、机械和数字学习成分，这类玩具是不错的选择；当然还有男孩们最喜欢的乐高、积木等立体类搭建玩具；还可以鼓励孩子玩各式各样的建筑和运输类玩具，或者给孩子提供沙子、水，以及各种形状各异的容器。

2. 超级"变变变"

日本有一个名为"超级变变变"的电视节目，每一期节目都会展示很多或简单或复杂但都很有创意的作品。我和两个孩子都非常喜欢看这档能激发孩子想象力和创造力的电视节目，经常被一些稀奇古怪的创意折服，偶尔甚至还会感到特别震撼。同时我也建议，家有男孩的父母可以多陪孩子一起看看这个节目。

当我们陪孩子看完节目后，还可以鼓励孩子自己也来玩一玩超级"变变变"的游戏。比如，用旧衣服和各种手工材料作为道具，让孩子自由挑选衣服和道具，轻松变身为一个想象中的角色，可以是故事书里的人物、电视电影里的英雄或是坏蛋，也可以是自己想象出来的人物。孩子还可以用自己发明的动作或是语言进行表演，最重要的是通过这样的形式表达出无限的创意和想象。

3. 用自己的创意为家人准备一份礼物

假如有什么特别的日子将要来临，比如春节、教师节或是家人的生日，那么，我们就可以鼓励孩子用自己的创意，自己动手为家人或老师准备一份特殊的礼物。制作礼物的所有材料，父母可以帮助孩子事先准备好。一旦进入创作过程，我们就尽可能不要再参与，只需要静静地坐在一旁，耐心地期待独具匠心、奇思妙想的作品新鲜出炉。

4. 变身小小室内设计师

让孩子变身小小室内设计师，参与自己房间或是整个房子的装饰和布置。根据四季的变化或是孩子和大人喜爱的一个主题，父母和孩子一起去家居用品店挑选合适的物品，对房间重新布置。当然，也可以将旧有的材料创新一番，重新进行设计和布置。经过一番设计和布置，大人和孩子可能都会被最后的成果深深感动。

通过创意绘画和手工，展现男孩的创造力

孩子出生一个月内，就能将母亲的形象从环境中区分出来，这就是初步的视觉抽象。幼儿时期的儿童绘画，是把具体的物象用抽象符号表现出来，是儿童大脑的视觉抽象活动。很多时候，大人眼里的乱涂乱画，其实就是孩子的抽象能力和创造力的展现。

创意画画就是让男孩展现自己创造力的一种重要方式。这种绘画不受真实生活或物体的约束，无论在造型表现、色彩运用方面，还是空间布局方面，孩子都可以按照自己的想象和认识去画。因此，儿童创意绘画往往能展现男孩非凡的创造力和丰富的想象力。

作为男孩父母，我们要做的就是创造条件满足和支持孩子的绘画意愿，引导和鼓励孩子大胆进行创作。家里可以为孩子准备一些常用的绘画工具，比如画板、画笔、颜料、画纸等，让孩子随手可得，并随心所欲地乱涂乱画。就在孩子乱涂乱画的过程中，他们的想象力和创造力很可能就会自然迸发。

我家二宝小雨从三岁多开始学画画，常常会画一些稀奇古怪的东西，说是他自己创作的故事书，然后让我们听他津津有味地讲故事。虽然这些画面并不算美，故事也没有逻辑性，但我们每次总是兴致盎然地听着。其实，就是想传递给他一个信息，只要是他自己创作的东西，不管讲得如何、画得如何，我们都会支持他、鼓励他。

此外，我们要尽可能带孩子多到户外走走，寻找自然界能够提供的各

种材料。例如，采集落叶和花朵、果实，在沙滩收集贝壳和石子，在树林寻找形状各异的树枝，这些都是很棒的材料。用这些东西，可以做很好的立体画、小鸟屋、风铃等，让孩子尽情发挥自己的创造力。

家里同样也可以很方便地就地取材，制作一些有创意的手工玩具。比如，包装电视机或是洗衣机的大纸盒子，就可以变成一样非常有趣的玩具。孩子可以将它变成太空船、玩具屋、巴士、城堡，或是给想象中的宠物住的小屋子等。

我们都希望男孩能在一个比较开放和自由的空间里，天马行空地胡思乱想，能够自己动手创作。其实，很多幼儿园也经常鼓励孩子把罐子、盒子、箱子等废旧物品带到学校，让孩子们进行创意手工，可谓一举两得：一是变废为宝，二是展现创造力。真正的艺术其实就是想象力和创造力的激荡，而不是依葫芦画瓢。

允许孩子犯错，营造宽松的家庭氛围

很多男孩父母都经历过这样的场景：刚换的漂亮灯具，被孩子的皮球砸坏；刚买的骨瓷餐具，被孩子不小心摔碎；刚装修的墙壁，被孩子当作白板进行涂鸦；卷筒纸一溜烟成了孩子身上的"飘带"，飘得满地都是；茶几上摆的东西，被孩子当成玩具进行糟蹋，比如烟灰缸、报纸、剪刀、水杯……

不少男孩父母都担心过如此的遭遇：孩子身上的伤口刚刚愈合，就又在上蹿下跳中摔得遍体鳞伤；刚买的新衣服，就被孩子在摸爬滚打中糟蹋得千疮百孔；刚认识的玩伴，就被孩子在嬉笑玩闹中打得鼻青脸肿……

于是，我们就经常抱怨和指责孩子犯错，总是希望孩子不要犯错，即使犯了也最好不要再犯。所以，我们时时小心、处处谨慎，希望在孩子犯错前就能提醒他,让他避免犯错误;在犯错后,严厉批评,希望他能吸取教训不要再犯。

其实好动和好奇是男孩的天性,幼儿阶段更是如此。如果孩子不好奇,就不会对身边的事物感兴趣;如果孩子不感兴趣,就不会主动接触这些事物;如果孩子不接触,就不会理解事物的性质。因为好奇,孩子就喜欢尝试、喜欢运动,甚至是喜欢搞破坏。大人认为不能碰的东西,孩子偏偏要去摸;大人认为不能干的事情,孩子偏偏要去做;大人认为很无聊的东西,孩子偏偏觉得很有趣。

每一次尝试,可能就是一次犯错;而每一次犯错,也可能就是一次成长。作为男孩家长,我们不必对孩子犯的每个错误都大惊小怪,要给孩子多一点空间,让他自己去尝试、去经历;不必每一次都迫不及待指正孩子的错误,要给孩子多一点时间,让他自己去体会、去感悟。

只有当父母能够宽容男孩的这些看似犯错实则尝试、看似"搞破坏"实则探索的行为,为孩子的成长创造一个宽松、民主的家庭氛围时,孩子才能放开手脚去大胆地创新和自由地探索。也只有那些敢于创新、喜欢尝试和探索的孩子,才能在做任何事情的过程中经常"脑洞大开",不走寻常路,从而让自己的想象力和创造力源源不断地得到释放和展现。

教养贴士：男性相比女性更有远见，更有预见能力。作为男孩父母，我们送给儿子最好的礼物之一就是帮助他们培养敏锐的洞察力，让他们从小就拥有远见卓识，学会如何做才能洞若观火。

有远见，才能洞若观火！

通常情况下，与女性相比，男性拥有一种天生的感觉，能以更加长远的眼光、更加广阔的视角统揽大局。而女性考虑问题，往往更喜欢关注细节，更愿意着眼于当下，有时候就会忽略大局。

换句话说，就是男性相比女性更有远见，更有预见能力。它是预见已经发生或未来将会发生的事情的能力，也是洞察未来的能力。它是一种不同寻常的洞察力或感知力，是充满智慧的先见之明。它是一种运用想象力和判断力，预见或设想未来可能发生的事情的能力。

没有远见或洞察力，人生就会失去方向，不知自己想要成为什么样的人，不知道自己想要做什么。正如行驶在茫茫大海上的船只，没有指南针的指引，就不知驶向何方，甚至就会原地打转。

那些没有远见、缺少洞察力的男性，无论是在自己家里还是工作单位，或者其他任何团体中，往往都无法成为一个领导者。而那些生活中没有远见、缺少洞察力的男孩，人生就是漫无目的的，缺乏实现人生价值的动力。

作为男孩父母，我们送给孩子最好的礼物之一就是帮助他们培养敏锐的洞察力，让他们从小就拥有远见卓识，学会如何做才能洞若观火。

善于观察，就能做到"明察秋毫"

观察是一种有目的、有准备、有组织的知觉活动。科学家们都是非常善于观察的，他们观察事物时，总是运用已有的知识对观察的目标进行分析、综合、比较、抽象与概括，在观察的同时进行思考，最后创造性地提出问题和解决问题。

达尔文曾说："我既没有突出的理解力，也没有过人的机智。只是在觉察那些稍纵即逝的事物并对其进行精细观察的能力上，我可能在别人之上。"俄国生物学家巴甫洛夫也指出："应当先学会观察、观察、再观察。不学会观察，你就永远当不了科学家。"

科学家确实需要具有敏锐的观察力，才能提升自己的洞察力，才能预测和感知未来。由此可见，善于观察是"洞若观火"的基础和前提。要培养男孩的洞察力，我们就需要重视对孩子观察力的培养。

1. 观察大自然，做到"心明眼亮"

对于幼儿阶段的孩子来说，大自然就是最好的课堂。法国启蒙思想家、教育家卢梭提出的自然教育理论，就主张要让孩子多到大自然中去接受教育。其实，孩子从出生第一天开始，就用各种感觉器官与外界交流互动。其中，用眼睛好奇地观察这个世界，就是其中的一个重要方面。

当孩子几个月大的时候，我们就应该让他们多接触大自然，多观察大自然，从小培养孩子敏锐的观察力。因此，从婴幼儿时期开始，家长就要经常带孩子到大自然中去，用眼观察，用耳倾听，用心感知，在观察中学习和思考，在学习和思考中观察。

（1）观察大自然中的颜色。

婴幼儿阶段，孩子对色彩是非常敏感的。而大自然中充满了五颜六色的事物，这些就是让孩子学会观察的最好素材。当我们带孩子观察大自然中的颜色时，可以通过提问的方式让孩子对身边的事物引起注意。比如：天空是什么颜色？云是什么颜色？树是什么颜色？草是什么颜色？花又是什么颜色？水有没有颜色？雪都是什么样的颜色？

当然，我们也可以在让孩子观察大自然或接触大自然之后提出一些问题。比如：你今天见到的最喜欢的东西是什么颜色？大自然中哪些事物是绿色的？什么东西是有不同颜色的？你知道现在是什么季节吗？这个季节大自然中主要充满了哪种颜色呢？

我们完全可以采用游戏的形式来提出上面这些问题，从而激发孩子的观察和学习思考的欲望。我们还可以鼓励孩子，把自然界中那些无生命但色彩丰富的东西，编成一个个有生命的、绘声绘色的故事。这样既能培养孩子认真观察的习惯，又激发了孩子观察和思考的兴趣。

（2）观察大自然中的形状。

在大自然中，存在着各种不同的形状，既有立体的，也有平面的。当我们在陪孩子一起散步的时候，就可以让孩子留意身边的各种形状。比如：楼房的形状、高度与结构；树的大小、形状，树叶的形状；路上行驶的小汽车的形状，大货车的形状，车轮的形状；小区里面的喷水池或者游泳池的形状；儿童游乐区的各种设施的形状……

当然，我们仍然可以给孩子提出一些关于形状的问题。比如：我们今天散步时看到的东西中，哪些是三角形的、长方形的、正方形的？哪些是圆形的、椭圆形的？哪些是长方体的、正方体的？哪些是圆柱体的、圆锥体的？

总之，要在这个过程中，逐渐培养孩子对各种图形的观察和辨别的能力。二宝小雨一岁多的时候，我带他到小区里面玩，有一段时间他最喜欢做的事情就是去辨认各种东西的形状，比如树叶的形状、人行道上地砖的形状、绿化树下被围起来可以浇水的区域的形状等。

（3）观察大自然的变化。

每个季节，都有不同的典型自然现象。我们可以让孩子学会观察和感知大自然的季节变化。比如：春天的微风细雨；夏天的电闪雷鸣；秋天的落英缤纷；冬天的雪花飞舞；各种植物在四个季节的不同变化；人们在不同季节的梳妆打扮和生活习惯；动物在不同季节的生活规律……

对每个自然现象，我们都要让孩子认真地去观察。为了让孩子养成良好的观察习惯，还可以在孩子对各种自然现象观察之后，进行口头描述，甚至用纸笔进行记录或画画。如果孩子描述或记录得不全面、不细致，可以让他进行多次观察，多次描述或记录、画画。

在教孩子观察和记录大自然的时候，我们还可以参考《笔记大自然》这本书。这是一本指导如何给大自然书写日记的入门书，同时也是很美丽的一本小书。作者克莱尔和查尔斯是美国著名的自然观察家、艺术家、教育家，他们用两种指尖艺术——书写与绘画，来传递大自然的色彩与神奇。在这本书的字里行间，有流动的色彩，有凝固的字迹；有停驻的脚步，有飞扬的神思……其美感难以言喻，其宁静无以形容……似乎，所有珍贵而不被注意的，都选择隐遁在这朴素的一本书里。

2. 观察生活细节，做到"明察秋毫"

认真观察的良好习惯，必须体现到具体的行为上去。认真观察的行为，就要从观察生活细节抓起，让孩子做到"明察秋毫"。只有把每个细微之处关注到，并落实到具体的行动之中，孩子才能真正做到认真观察。

日常生活中随时随地都有培养孩子认真观察的机会。比如，我们带孩子参加亲子活动或到亲戚朋友家串门，就是培养孩子观察习惯的良机。如果父母在这些过程中多说一句话，或多提醒一下孩子，孩子看到的、听到的、感知到的东西可能就会更多，孩子的观察就会更仔细。

当孩子正在专心致志地观察某些事物时，家长最好不要轻易去打扰孩子，要么默默地在一旁关注，要么悄悄地走开，等待最后与孩子一起分享观察的乐趣就行。

为了让孩子学会集中注意力，培养孩子认真观察的良好习惯，父母可以跟孩子一起玩"我来比画你来猜"的游戏。

父母先向孩子介绍游戏规则和要求，大人通过动作比画、不用语言，向孩子演示，让孩子根据大人的比画来猜测物品或故事情节等。

接下来，大人可以先演示比较简单的物品，比如日常生活用品，由孩子来猜一猜物品名称，如果孩子猜对，可以给他一个小奖励，比如贴纸。当孩子对日常用品比较熟悉后，可以给孩子演示各种动物，由孩子来猜一猜大人比画的是什么动物。对于大一点的孩子，大人可以加大难度，通过一连串的动作来演示一个故事情节，让孩子根据大人的表演来自己编一个小故事。

如果经常跟孩子玩这种游戏，到一定时候，还可以鼓励孩子来比画、由大人来猜一猜孩子比画的东西或故事。

独立思考，就能做到"高瞻远瞩"

当孩子进入幼儿园和小学，生活半径逐步扩大，接触到的人和事逐渐增多，对自我管理能力和自主学习能力的要求更高，这就要求孩子逐渐学会思考和判断，逐渐学会明辨是非。而到了小学阶段，孩子们会逐渐开始学会推理，更容易采择别人的观点。当孩子到十岁左右时，思维会变得更加抽象，推理方式日益接近成人。

洞察力的一个重要方面就是独立思考和判断。一个从小喜欢独立思考、善于独立判断的人，长大以后就比较有主见，不容易随波逐流，更不会盲目跟风。作为男孩家长，我们不要把"听话"作为培养孩子的主要标准，而要把培养孩子的独立思考和判断能力放在首位，并让孩子在独立思考和判断的过程中逐渐学会"高瞻远瞩"，从长计议。

对于已经上小学的男孩，认知能力和理解能力逐渐提高，开始具备初步的逻辑思维和独立判断能力。这个阶段，父母可以跟孩子讨论更多日常生活中的话题，鼓励孩子发表自己的见解，在互相探讨的过程中引发孩子的独立思考，还可以利用一些话题来拓展孩子的思维。

父母面对孩子的问题时，不要立即告诉孩子答案，而是教给孩子解决问题的方法，让孩子从中学会独立思考。比如，当孩子被欺负时，父母可以引导孩子自己去思考为什么会被别人欺负，看看是自己的问题，还是别人的问题。同时，还可以引导孩子思考下一次如何做才不会被人欺负、当自己被人欺负后如何保护自己等。

对于孩子暂时无法独立解决的问题，父母可以做好示范，通过查阅资料、反复思考等方法，让孩子学习思考的方法，这对培养孩子独立思考和解决问题的能力大有帮助。

具体做法可参考如下几个步骤：

★ 找出问题到底是什么。问一系列问题：我在做什么？我想让事情怎么样？有哪些办法可以让我把现在的情况变成我想要的情况？

★ 找到他的目标。因为解决问题总是和目标有关，当你在教孩子自己用这个方法解决问题，那就帮他找到目标。

★ 找出二选一的解决方式。找出解决方式需要我们抑制住自己"按照以前的做法来做的倾向"。也需要我们灵活思考，找出不同的可能性，还需要一些想象力。

★ 想想这个或两个办法会有什么结果。要做到这一点，我们必须从他人的角度来观察我们的解决办法，不要考虑自己的想法。

★ 找出一个办法来试试。这个当然需要反思和批判性思考。

★ 评估结果。如果这个办法不行，再换一个试试。

此外，我们还要鼓励同龄孩子之间互相探讨，让他们站在孩子的角度进行思考和判断。当孩子们互相讨论时，难免出现针锋相对，甚至面红耳赤的场景，无论他们的思路是否清晰，逻辑是否合理，大人都不要轻易干涉他们之间的事情。讨论结束以后，我们可以告诉孩子们大人对这个问题的看法，但不要强迫孩子接受大人的观点。即使孩子对某件事情有些不正确或不合理的见解，我们也只能尽量引导他们形成自己的价值观，而不是凭借大人的权威，用自己的观念取代孩子的观念。

教养贴士：天底下的男孩和男人们，大抵都不缺远大的抱负和理想，都曾经有过无数的梦想。如果没有脚踏实地的务实精神，没有雷厉风行的行为习惯，那么所有的梦想都可能永远是"美梦"。

脚踏实地，才能顶天立地！

相比女孩，男孩的成就动机更高。他们更愿意挑战自我，更容易争强好胜，也更喜欢表现自己。其实，这也是男孩的一个很大的优势。不过，正是这一特点，导致很多男孩更容易好高骛远和眼高手低。

我曾经有机会参加大宝伊伊就读学校的开放日，并进入课堂观摩学校老师的公开课。每一次的课堂上，老师提的各种问题，最先举手的往往都是男生，从举手的人数比例来看，也是男生远大于女生。当然，被老师抽到回答问题的男女生差不多各半。有意思的是，女生们的回答常常更靠谱，有些男生的回答却经常不那么到位，更有甚者，答非所问。而通过跟班主任老师的私下交流也印证了我观察到的这一点，虽然伊伊所在的这个班，总体来说还是女生的学习成绩更好，但上课时喜欢主动举手回答问题的却大多是男生。

举这个例子，倒不是为了贬低男孩，而是通过这样一件小事，让我们觉察到男孩身上更容易出现的眼高手低、做事不够踏实的缺点。即便他们压根就不知道问题的答案究竟是什么，可他们的手却总是举得最快。

　　天底下的男孩和男人们，大抵都不缺远大的抱负和理想，都曾经有过无数的梦想。然而，最终干成大事、梦想成真的却始终是少数。为何如此？我认为关键就在于男孩和男人们的行动力。如果没有脚踏实地的务实精神，没有雷厉风行的行为习惯，那么所有的梦想都可能永远是"美梦"。

　　因此，作为男孩父母，我们就需要从小关注他们的行动力，重视培养他们脚踏实地的精神，让他们逐渐养成言必行、行必果的习惯。

呵护梦想，激发孩子的内在动力

　　梦想是一个人奋斗的动力，梦想是一个人动力的源泉。人类因梦想而伟大，人生因拼搏而精彩。梦想也是人类发展史上最浓墨重彩的一个篇章。有了梦想，人类开始有了向往，有了追求，有了发展。

　　正如美国第28任总统威尔逊所说："人类因梦想而伟大，所有的成功者都是大梦想家。在冬夜的火堆旁，在阴天的雨雾中，梦想着未来。有些人让梦想悄然绝灭，有些人则细心培育、维护，直到它安然度过困境，迎来光明和希望，而光明和希望总是降临在那些真心相信梦想一定会成真的人身上。"

　　当孩子年幼的时候，大人们一般都会了解孩子将来想要做什么，长大后的理想是什么。在孩子眼里，他们的梦想总是美轮美奂的，当然也是变幻莫测的，即使长大成人，不少人的梦想也依然充满变数。

　　那么，我们究竟该如何做，才能呵护男孩的梦想，才能让梦想成为孩子勇往直前的不竭动力呢？

　　首先，孩子的梦想需要得到鼓励。有梦想的人，就如同给自己的人生注入了"精、气、神"，生命有了方向，生活有了动力。有梦想的人，无论顺境还是逆境，人生都是丰富而精彩的，也更容易看清自己、瞄准未来。对于每个人来说，梦想应该成为必需品，而不是奢侈品。一个人，如果没有梦想，人生可能也会很精彩，但却仿佛提线木偶，总会被命运所左右。

其次，平凡的梦想需要得到呵护。大多数人的孩子，成年以后很有可能就是历史长河中的普通一员。但是，他们依然要有自己的梦想，依然要有上进心，依然要很努力，依然要有原则，更要坚守自己的良心。

最后，孩子的梦想不能被破坏。很多父母总是希望把孩子塑造成自己想让他成为的样子，总是在孩子身上承载太多父母未能实现的梦想和目标。因为成年人对各行各业的价值判断，也让很多孩子的梦想发生了变化。甚至，我们不惜剪断孩子梦想的翅膀，或者把自己的梦想强加于孩子身上。于是，孩子们的梦想就从五彩斑斓的各行各业，挤向父母眼中光鲜亮丽的"科学家""医生""律师"等社会地位高、收入不菲的职业。现在，人们的梦想又拼命挤向"公务员"这个稳定而轻松的"铁饭碗"岗位。

我们要明白，只要存在社会分工，就不可能千军万马都去挤那座独木桥。其实，一个人从事什么职业，并不是最重要的，能不能把自己的工作做到极致，实现自己的人生价值，赢得社会的尊重，才是最关键的。当一个人能够听从自己的内心，追求自己的梦想，无论做什么，都能把工作做到极致，都能把人生的每个乐章奏得响亮。

无论家庭条件富裕还是清贫，智慧的父母总是给孩子最朴素的生活，激发和呵护孩子最遥远的梦想。当然，作为家长，对自己的孩子也要有自信，不能因为孩子成绩不好、悟性不高、表现不佳等原因，就对孩子出言刻薄，甚至否定孩子的梦想。

为了让孩子树立理想和目标，激发孩子的内在动力，父母可以跟孩子一起开展一个"我的梦想我来画"的亲子活动。

父母首先和孩子一起讨论他的人生理想和目标，让孩子想想自己想要成为什么样的人，对自己的未来有什么样的期待，包括学习、成长、职业、家庭等。当孩子对自己未来的理想和目标有一定的认识和理解后，鼓励孩子把自己的梦想画出来，在画的过程中，主要由孩子自己画，父母可以做些辅助工作、适当提点建议。

画完后，可以把孩子画的梦想贴在家里比较醒目的位置。当孩子未来遇到困难和挑战时，就可以引导孩子看看这幅关于梦想的画，激发他的内在动力，不时地鞭策和激励自己向目标和理想迈进。

设定目标，增强孩子的责任感

设定目标，是一个帮助孩子实现梦想的既实用，又有效的方法。目标就是自己想要得到的结果，为了实现目标，每个人都需要为之付出努力。

目标，可以分为短期目标和长期目标。短期目标就是那些实现起来非常迅速的目标，一般都能立竿见影。比如，每周要读几本书，多长时间内学会轮滑等。长期目标通常就不能很快实现，需要投入更多的精力、付出更多的时间，经年累月地坚持。比如，一年内学会多少个汉字或英语单词，长大后考个什么样的大学，未来要从事什么样的职业等。

有的孩子在成长过程中。会主动思考自己的梦想和设定想要实现的目标，而有的孩子却需要大人的帮助和引导。如果孩子心中有一个奋斗的目标，就会让自己更有动力做好每一件事，更有韧劲去面对随之而来的各种挑战。

不管孩子设定的目标是大还是小，达成一个目标基本上都需要一步一步来，分解成几个小的、明确的步骤。当目标得到明确、任务得到分解以后，还需要为每个阶段的目标和任务设定完成时限。有了具体任务和完成时限，男孩们的责任感和执行力就会更强。

制订计划，提升孩子的执行力

在孩子们的生活和学习中，很多事情都有先后顺序和轻重缓急，每一天的安排都比较有规律。要把这些事情安排得井井有条，他们就需要学会制订计划，学会自我规划和自我监督。这也是衡量一个孩子的自我管理能力的重要标准。

当然，让孩子学会制订计划和安排日程，并不是一蹴而就的事情，这需要一个循序渐进、潜移默化的过程。当孩子处于婴幼儿阶段时，我们需要尽力呵护孩子的秩序感和培养孩子有规律的生活习惯；当孩子处于学龄阶段时，我们需要创造机会让孩子学会制订计划，并在执行计划的过程中引导孩子学会自我管理。

很多做事有计划的成年人都可以算得上运用表格的高手，他们会把自己的工作计划和每天的日程安排通过表格形式呈现，在具体执行过程中进行对照和检查。这是一种很好的制订计划和执行计划的方式，同样也适用于大一点的孩子。

要让男孩学会运用表格制订计划，并通过计划来督促自己的行动，我们就需要在生活中多给孩子创造练习和实践的机会。

1. 从制订"今天的计划"开始

对于孩子们而言，除了假期和周末以外，每天的学习和生活计划大致差不多。我们首先让孩子把每天"必须做的事情"和"希望做的事情"列在一张表上，尽可能写得具体一些，并注明起止时间；全部罗列完后再根据事情的性质和重要性等进行先后顺序的调整和适当删减；最后把确定的各项任务做成一张正式的计划表，贴在家里比较醒目的地方。这样一个过程其实也是在让孩子认可和确认自己制订的计划。

2. 鼓励孩子制订旅行计划

对于现在的孩子们，外出旅行已经成为家常便饭。当我们确定旅行目的地以后，完全可以把旅行计划交给大一点的孩子去做。比如，从旅行的时长到游玩的景点，从每天的行程到每顿饭的安排等，全部做成一张表格。我有个朋友的儿子，从五岁开始，家里每一次的旅行计划都是主要由他完成，家长主要提供建议。听说大多数的旅行计划都安排得很好，偶尔也有考虑不周的地方，但在途中遇到的问题和困难同样可以让孩子吃一堑长一智。

3. 教孩子制订中长期计划

当孩子到了小学高年级的时候，我们可以把制订计划的练习进行升级，逐渐教孩子学会制订中长期计划。列入中长期计划的事情最好是需要持续一段时间或者长期坚持做的任务，比如学钢琴、画画、游泳、围棋等。做这些事情需要循序渐进，所以就需要制订一些阶段性的目标和计划，完全可以通过表格的形式来制订。

利用假期，引导孩子学会自我管理

每年一个月左右的寒假和两个月左右的暑假，正是引导孩子学会自我管理、提升执行力的大好机会。在假期开始之前，家长就可以帮助孩子拟定一份假期安排计划。如果有条件，还可以细化到每天的安排。不要因为假期，就打乱孩子的生物钟，作息时间和平时差别不能太大。

2014年的寒假，我家大宝伊伊已经上小学一年级。这个寒假也是她人生第一次面对有学习任务和寒假作业的假期。作为爸爸的我，当然也是摸着石头过河。寒假刚开始，我还在为孩子的假期如何让她自己做主而发愁，恰好看到一个朋友的微博上贴了一张她跟孩子商量的寒假生活规划表，让孩子每天按照这个计划自己安排时间完成学习任务和其他事情。

于是，我们就借鉴了朋友的这个做法，跟伊伊一起采用表格的形式制订了一个属于自己的寒假生活清单，其中既有完成学校布置的学习任务，也有每天自己读书、弹钢琴、听爸爸妈妈讲故事等事情。这些任务，她每天自主安排时间完成，我们既不督促，也不打扰，只有遇到问题或困难时，才会出面。除了这些之外，其他时间也完全由她自己做主，可以画画、出去跟小伙伴一起玩等。

我们对她一直完全信任，每天她是否不折不扣地完成任务，并自行在安排表上打钩确认，我们也就没有进行检查和督促。但令我们意外的是，临到开学的前一天，她一直声称已经全部完成的寒假生活计划上面居然还有个别遗漏之处。语文老师布置的每天写字的任务，她就偶尔会偷懒。这也算得上利用假期引导孩子学会自我管理的一个小插曲。

PART IV

我的爸妈不好当！

柏拉图曾说："在所有的动物中，男孩是最难以管束的。"由于深受传统养育观念的影响，很多男孩父母的养育方式容易走向极端，采用简单粗暴的棍棒式教育。男孩父母确实不那么好当，在养育孩子的过程中，管教之中需要有智慧的爱相伴，规则之中需要有适度的自由并行。

教养贴士：柏拉图曾说："在所有的动物中，男孩是最难以管束的。"我们是不是就应该对男孩采取诸如"虎妈狼爸"一样的严厉管教呢？一味地严厉，很可能适得其反。也就是说，父母越"虎妈狼爸"，孩子反而越"熊"。

你越"虎妈狼爸"，我越"熊孩子"！

男孩比女孩难养，从古至今几乎是众所周知的事实。古希腊伟大的哲学家柏拉图早在2300年前就曾说过："在所有的动物中，男孩是最难以管束的。"虽然这句话说得过于绝对，但却道出了很多男孩父母的心声。

对此，我自己也有切身的体会。我家两个孩子刚好是一男一女的组合，在二宝小雨出生之前，每当听到很多男孩家长说起女孩真好养，自己又是如何羡慕女孩家长等话时，我总是不以为然，觉得这些男孩父母是在夸大其词。因为那时还没有养育男孩的亲身经历，所以难以体会到男孩父母的苦衷。自从小雨出生以后，我就逐渐感受到男孩确实比女孩难养。

大宝伊伊小的时候，就是那种人见人爱的所谓乖孩子，更不会去惹是生非。不管是在幼儿园，还是上小学期间，我们都从来没有收到过老师的任何投诉，而且从老师那里往往听到的都是各种溢美之词。这也让我们习惯了乖女儿带给自己的各种荣耀和赞美。

然而，二宝小雨在八九个月大的时候就已经不太安分了，抓人、掐人、咬人等行为开始频频出现。当他一岁多学会走路后，就经常上蹿下跳，家里总是搞得鸡飞狗跳的。上幼儿园后，他偶尔也会惹出一些麻烦来，两年不到，已经在幼儿园发生过两次打架行为了。

既然男孩这么难管，又这么容易惹事，我们是不是就应该对男孩采取诸如"虎妈狼爸"一样的严厉管教呢？答案并非想象的那么简单。一味地严厉，很可能适得其反。也就是说，父母越"虎妈狼爸"，孩子反而越"熊"。

不同的教养风格，塑造不同的性格

著名心理学家尤里·布朗芬布伦纳的生态系统理论认为，一个人先天的生物特征和外界环境共同影响人的发展，并对环境影响做了精细的分析。他把环境定义为"一套嵌套结构，一层套一层，像一组俄罗斯套娃"，发展中的个体处于中心，被几层环境系统所包围，从直接环境（如家庭）到更远的环境，这些环境系统之间以及环境系统与个体之间相互作用，最终影响一个人的毕生发展。

其实，家庭本身就是一个复杂的社会系统，由相互联系的各部分组成，各部分之间又相互影响。家庭中的每个人和每种关系都会直接或间接地影响到其他人和其他关系。简单地说，父母会影响孩子，而孩子同样也会影响到父母和他们之间的关系，父母和孩子之间的关系还会影响到他们的教养方式和孩子的行为。

而父母的教养风格会影响孩子应对周围世界的能力。心理学家鲍姆林德认为家长既不应该过度惩罚孩子，也不应该淡漠处之，应该为孩子订立一些规则，并有感情地对待他们。她根据父母对孩子的关爱和控制程度，把教养风格分为4种类型：

1. 权威型

父母重视孩子的个性,既对孩子充满关爱和温情,又会给孩子一些限制和约束。权威型的父母鼓励孩子独立,支持孩子的积极行为,亲子之间的互动和交流也比较多。在权威型教养家庭长大的孩子具有良好的自控力,能够自我独立,成就感也比较强。他们和同伴关系融洽,能够与大人合作,也能很好地应对压力。

2. 专制型

专制型父母强调控制和无条件地服从,对孩子比较冷漠,缺少关爱和温情。他们强加给孩子一些不经解释的规则,对孩子进行严密的限制和控制,还可能会经常惩罚孩子,甚至打骂孩子。在专制型教养家庭长大的孩子往往感觉不快乐,更容易感到恐惧和焦虑,形成孤僻和不信任的性格,通常很被动和缺乏沟通技巧。

3. 忽视型

父母对孩子既缺少关爱和温情,也没有太多约束和限制,基本上对孩子的成长采取放任自流的态度。在忽视型教养家庭长大的孩子,缺乏社交能力,自控力和独立能力也较差,自尊水平较低。

4. 放纵型

放纵型父母对孩子充满关爱和温情,但极少有要求和限制,他们允许孩子想做什么就做什么。在放纵型教养家庭长大的孩子,很难学习到自我控制,往往对父母或他人缺乏尊重,甚至会变得霸道、以自我为中心、固执,很难与同伴相处。

由此可见,权威型教养风格是和孩子积极的发展结果联系最紧密的,更有利于培养孩子的好性格和自控力。孩子既需要爱和自由,也需要管教和规则,帮助他们规范和评价自己的行为。没有任何规则和约束,他们可能就难以学会自我控制。

对男孩既要"讲爱",更要"讲理"

在生命之初的前几年,家庭这个微环境系统对于婴幼儿发展的影响始终处于核心地位。正如苏联教育家马卡连柯所说:"不要以为只有你们和儿童谈话的时候,才执行了教育儿童的工作。在你们生活的每一瞬间,都教育着儿童,甚至当你们不在家里的时候。……你们如何穿衣服,如何与另外的人谈话,如何谈论其他的人,你们如何欢乐和不快,如何对待朋友和仇敌,如何笑,如何读报纸……所有这些,对儿童都有很大的意义。"

从这个意义上来说,家庭就是最好的早教环境,生活就是最好的早教场景,父母就是最好的早教老师。

1. 家庭是情感支持的纽带,需要"讲爱"

家庭作为社会中最基本的单元,还有一个重要功能是为人的发展提供情感支持。它通过血缘关系、依恋关系、手足之情,可以将所有家庭成员紧密联系起来,并成为每个成员内心情感支持的联结纽带。

无论我们长到多大、走到多远,家庭成员之间的情感支持始终是我们的精神力量之源。从婴儿出生的那一刻,他就需要从抚养者那里不断获取身心成长所必需的情感支持,也就是我们常说的对孩子无条件的爱。

2. 家庭是社会性发展的起点,需要"讲理"

从人类发展的角度来看,在所有的社会中,家庭最重要的功能就是繁衍后代,并通过养育使其社会化。虽然家庭只是一个人社会化过程中所涉及的其中一个子环境系统,但家庭在儿童社会化发展方面的影响更早、更持久。其他社会环境同样会影响孩子的社会性发展,但就其力度和广度来看,是永远无法与家庭相提并论的。

社会性发展指的是儿童获得社会中年长成员所认为的那些重要和适宜的观念、动机、价值观以及行为的过程。首先,社会化是规范儿童的行为、控制其不合理冲动的一种方式；其次，儿童在社会性发展过程中所获得的知识、技能、动机和愿望，可以使他们更好地适应所处的社会环境；最后，社会性发展良好的儿童会成长为有能力、适应性强、亲社会的成年人。

因此，在家庭这个最基础也是最重要的社会系统里，父母不仅要对男孩"讲爱"，对孩子有关爱、有尊重、有接纳，给孩子无条件的爱；而且更要对男孩"讲理"，对孩子有要求、有限制、有约束，给孩子立界限、定规则。

温柔而坚定地守住底线，耐心而坚决地树立权威

鲍姆林德指出，一开始，权威型父母的孩子往往会反抗父母的要求，但父母对自己所提的要求坚定不移，同时又有足够的耐心等到孩子变得顺从，而不会迁就孩子的不合理要求，也不会以势压人。长此以往，孩子最终就会变得更顺从。这个方面，对于男孩来说尤为重要。

这就要求父母温柔而坚定地守住自己的底线，在原则和要求面前不轻易向孩子让步，耐心而坚决地树立自己的权威。否则，孩子很可能得寸进尺，最终令父母难以招架，让父母的权威甚至尊严逐渐丧失殆尽。

1. 坚持要求孩子做出适当行为

在引导孩子做出符合父母期望的适当行为时，男孩可能会出现不配合甚至故意作对的情况。一旦我们对男孩提出了要求，就一定要做到言出必行，切忌犹豫不决、优柔寡断。如果父母对自己所提的要求和底线都不能坚持，那么孩子就很容易学会钻空子。

2. 坚决而耐心地对待不顺从行为

当男孩出现不顺从行为时，我们不要采用强制性的手段逼迫孩子"就范"，而是需要通过我们的耐心去等待孩子，通过我们的坚决去影响孩子，

让孩子断了不顺从的念头。孩子虽小，但察言观色的能力似乎是与生俱来的。如果男孩察觉到自己的不顺从行为能轻易得逞，那么下一次表现出的很可能就是更大的不顺从，最终摧毁的就是父母在孩子心中的权威和地位。

想要"制服"男孩，父母就要趁早

对于一岁以内的男孩，当他们的运动能力得到很大提高时，除了通过大吼大叫、哭闹等方式表达自己的诉求以外，还会动不动就用自己的手脚和动作来表达自己的情绪或者唤起大人的关注。"初生牛犊不怕虎"的他们难免会做一些不合适的行为，甚至是危险的举动。

出现这些状况的时候，也正是让男孩逐渐体会到父母的权威，并学会自动停止的大好时机。不过，大人的口头语言对一岁以内的他们而言，一般情况下就是鸡同鸭讲，没有效果。这个阶段，我们的身体语言才是最好的交流工具。

小雨8个多月时，手指的运动技能就得到了飞速发展，学会了用拇指和其他手指进行抓握。当小孩学会了一项技能时，他们总是喜欢不失时机地大展拳脚，尤其是一岁以内的婴儿，更是如此。

因此，从那以后的一段时间内，当大人把他抱在身上的时候，几乎每次他都会用手指来展示自己的才能。刚开始是抓脸，他很快就学会了捏人，同时还会乱抓大人戴的眼镜。只要是手之所触，大有所向披靡之势。最初，我们也没有太注意，基本上任他随心所欲，反正觉得这么小的婴儿，爱干吗就干吗，尽量不去干涉他的行动。

有一天，当我抱着他的时候，他居然用双手把我的眼镜摘下，然后迅速地扔到地上。幸好是树脂镜片，我的眼镜完好无损。之前，他只是把眼镜取下来，拿在手上把玩几下。这次的速战速决，简直让我大跌眼镜。

从此以后，再抱他时，我总是心有余悸，每次多一分"防人之心"。当他试图摘下我的眼镜时，我就开始不停地摇头，一方面是为了避开他的双手，另一方面也是想通过这样的身体语言逐渐让他明白这样的举动是不可以的。

这一招最开始并未发挥应有的作用，顶多就是暂时避开了他，随后他仍然会穷追不舍。但是，每一次我都会通过摇头来暗示他，并使出《大卫，不可以》中的"咒语"来配合。

过了十多天，我突然发现小雨已经能够理解我的身体语言了。只要我一摇头，他的手就不再继续去取眼镜，而是放在我的脸上，开始胡乱摸脸和抓脸。此后的一段时间，当他抓脸或者捏人比较痛的时候，我同样通过摇头和"咒语"来告诉他可以停止了。没想到，大多数时候他都非常配合地自动停止了。

教养贴士：男孩犯错不可避免，也并不可怕，可怕的是男孩父母对待孩子犯错的错误方式。不当的管教方式，非但不能让男孩认识到错误的本质、体验到犯错的后果，反而让孩子身心受到更大的伤害，甚至让孩子走向父母期望的另外一端。

黄荆棍下出好汉？你太天真了！

"男孩犯了错，家长如何进行管教呢？孩子该不该挨打呢？到底该怎么惩罚臭小子呀？"很多男孩家长都曾经问过我类似这样的问题。

无论男孩还是女孩，在他们的成长过程中，既需要得到父母的爱和尊重，也需要父母的正当管教。对于父母来说，教育孩子的主要职责就是教孩子如何做人。每个成人都难免会在生命的长河中犯下一些错误、违反一些规矩，更何况尚处于懵懂无知的孩提阶段的儿童。

男孩犯错不可避免，也并不可怕，可怕的是男孩父母对待孩子犯错的错误方式。不当的管教方式，非但不能让男孩认识到错误的本质、体验到犯错的后果，反而让孩子身心受到更大的伤害，甚至让孩子走向父母期望的另外一端，更为极端的还可能发生人命关天的大事。

几年前，曾在媒体上看到一则题为"父亲因9岁儿子不听话、将其绑住殴打20分钟致死"的新闻，看得我惊出一身冷汗。事情大概是这样，四川省仪陇县农村发生一起悲剧。深夜里，36岁男子刘某绑住9岁儿子施以"棍棒教育"，时间长达20多分钟。

次日中午，刘某的儿子被发现死在家中。案发后，刘某被执行逮捕，刘妻被取保候审。这个父亲的说法是，"他太顽皮了，我只是想教育他"。母亲也说："丈夫管教儿子，绝对不会故意把儿子打死"。但邻居们却说："他们对儿子平时不管教，出事了非打即骂。"

当我看完后，立即陷入沉思。令人不可思议的是，人类社会发展到今天，文明程度在不断提高，但一部分父母的教养观念依然停留在"黄荆棍下出好汉"的古代社会，教育孩子的方式，仍然沿袭古代的"棍棒教育"，非打即骂，尤其是一部分男孩父母。

报道中的9岁男孩，所发生的偷盗行为，确实是所有父母都无法容忍的不良品行。但孩子发生这种行为，父母是否应该首先搞清楚孩子错误行为的根源。任何一件事情的发生都是有原因的，对于一个9岁孩子来说，是否曾经受到父母、身边的家人、老师、同学或同伴的不良影响，甚至曾经因为类似行为得到父母的赞赏或默许。如果不分青红皂白就是一顿毒打，不仅无济于事，反而适得其反。

当我们找到孩子犯错的真实原因之后，就需要考虑，如何对孩子进行管教才最有效，是否需要对孩子实施惩罚措施，通过哪种惩罚方式更容易纠正孩子的不良行为。

而在惩罚孩子的方式中，打骂是最容易做到的，因为随时随地都可以操作，不需任何准备，不用费心思考。但我一向认为，无论孩子犯下什么大错，打骂孩子都是最无能的管教方式。很多时候，与其说打骂是惩罚孩子，还不如说是父母在挽回自己的尊严或者发泄自己的情绪。

我们绝不能简单地把惩罚等同于体罚。真正的惩罚是让孩子进行自我反思，认识到错误，进而改进自己的行为。如果没有达到这个目的，实施的惩罚就没有任何意义。对待男孩的一些犯错行为，如果父母不分青红皂白就是一顿"棍棒教育"，并指望儿子从此"改邪归正"，那就想得太天真了。

严厉惩罚，可能让男孩"变得更坏"

严厉的惩罚是控制行为最常用，最简单的办法。我们很多人以为不"罚"不"止"，但是，在实际生活中过于严厉的惩罚大多数只能暂时抑制某个反应。比如一个小男孩偷吃了一些零食，并为此受到惩罚，他在短时间内可能不会再偷。但是，由于偷吃零食的行为总能够被偷到的零食所强化，所以，他过一段时间还是有可能再次偷吃零食。这样的惩罚常常没有达到让孩子改正错误的目的。

于是，家长的惩罚措施层层升级，从轻到重，甚至到暴力惩罚，还努力说服自己，如果现在不像这样"严加管教"，那么等孩子长大以后就更没有办法了。可是，当家长无所不用其极后，却发现严厉惩罚带来了我们不想见到的后果，孩子不但没有变好，反而变得更坏。

很多心理学家曾经做过研究，发现在家里经常受到家长严厉惩罚的孩子具有过度攻击以及反社会的行为。一个孩子被家长打过之后会感到很生气、产生挫折感并对人产生敌意，正好他看到其他比他小的孩子便去打他们。结果会怎样呢？由于他宣泄出了自己心中的怒气和挫折感，会感觉良好！这样攻击性行为就受到了强化，并且在今后遇到挫折时还会再次发生。

严厉惩罚的第二个副作用是通常会导致逃避反应。例如，你在路途中遇到某人，此公说起话来喋喋不休，旁若无人，令人生厌。开始时，你会尽量避免与他交谈，以便能轻松一会儿，再后，你会想办法躲开他。这个就是为了延迟或消除不愉快状态而学习的某种回避反应。在孩子身上我们常常会看到，孩子为了避免受惩罚就会撒谎，也可能会离家出走。

严厉惩罚的第三个后果是孩子对惩罚自己的父母产生憎恨。每次当家长问我该不该打孩子的时候，我会让他们回忆自己挨打的经历，绝大部分的家长对挨打记忆深刻："我当时心里很恨我爸爸，觉得我不欠他了。""我想着我要不去死吧，让他们伤心去，哭死他们！""下次我还要干，但是我决不让他们抓到我。"当换位思考后，我想家长应该已经知道随随便便就打孩子，包括严厉地惩罚孩子，往往带来的是种种负面情绪。

严厉惩罚看起来效果并不好，但家长为何还是要对孩子进行惩罚呢？家长的回答往往是："如果不管，他们不是要上天？""如果不管，他们不是不知道自己错在什么地方吗？"

惩罚的目的，是让孩子体会犯错的后果

既然严厉惩罚会带来这么多的副作用，那是不是意味着，当男孩犯错后，就不管不问、放任自流了呢？尤其是在如今非常流行的"爱与自由"这面大旗之下，惩罚这个本来很中性的词似乎已经逐渐演变成一个不能随便说，更不敢轻易用的"恶魔"。在很多人眼里，惩罚几乎就等同于打骂和折磨。因为极力反对惩罚教育的这些人，大多数都是从小备受肌肤之痛、责骂之辱的一代。

当然，我们也不要从一个极端走向另一个极端。17世纪捷克著名教育家夸美纽斯在他的《大教学论》中明确指出："我们可以从一个无可争辩的命题开始，就是犯了过错的人应该受到惩罚。他们之所以应受惩罚，不是由于他们犯了过错（因为做过的事情不能变成没有做），而是使他们日后不再犯。"

当我们认识到惩罚目的就是让孩子体验做错事情的后果，让孩子自我意识到行为需要改进，而不是仅仅因为恐惧而不敢再犯错。这个时候，我们就能明白到底该不该惩罚，究竟该怎么惩罚。

我曾经看过这样一个关于爸爸如何管教儿子的故事。他的儿子非常调皮，经常被老师叫到学校去挨批评。他骂也骂了，打也打了，可是效果并不好。有一天，孩子又犯了错误，老师要请家长去学校。看着儿子沮丧和害怕的脸，他突然幡然醒悟。一直以来，他都不知道孩子是怎么想的，也不明白他在惩罚孩子的时候，孩子是什么感受。

他看着已经人高马大的儿子，很真诚地对他说："我一直不知道用什么方式来教育你是对的，也许我以前的教育方式出了问题，所以你才一直犯同样的错误，真的很抱歉。如果你是爸爸，你会怎么教育自己的孩子呢？"

虽然这一次，他并没有教训孩子，可是很奇怪，从那以后孩子却真的改变了很多。他儿子后来说，当时听到父亲这句话都蒙了，从来没有想到爸爸会如此尊重他。而他真的换位思考以后，也发现爸爸确实不容易，于是真的开始反思和改正了。

无论父母，还是老师，在惩罚孩子之前，一定要想明白惩罚的目的是什么，采取这样的惩罚方式是否能达到我们的目的。否则，即使惩罚了孩子，得到的可能是孩子的怨恨、口服心不服。很多人也有这样的想法，没有关系，孩子现在不理解我，等到孩子长大了，他就会理解我，所以现在只要他能够因为我的惩罚改变行为就可以了，不管是不是心服口服。

我想跟抱着这样想法的家长说，沟通是教育的前提，如果孩子和你之间互不理解，误会重重，你只能通过强力来扭转，你又把希望寄托在等孩子长大，当他也养儿子时才知道你的不容易，才理解你。这其实是一种赌博，你要赌他是否扛得住你的惩罚不自杀，不离家出走，你要赌你是否有命活得到他认同你的时候,你要赌你的惩罚没有让孩子完全脱离轨道,越走越远,直到你无力控制局面。

智慧的惩罚,需要把握好六大原则

赫伯特·斯宾塞在《斯宾塞的快乐教育》一书中曾说,在培养孩子道德品质的过程中,父母应该更多地采用自然教育法,少用人为惩罚。那到底什么是自然惩罚和人为惩罚呢?

他认为,当孩子认识到自己错误的行为所产生的自然后果后,吸取这方面的经验,以后不再犯,就是自然惩罚。人为惩罚是指,父母明确地指出孩子的错误行为,并对他进行惩罚。他还提出,体罚是一种极端的人为惩罚方式,父母要慎用,这绝对不是主要的教育手段,而且也不能单靠这个方法把孩子培养成才。

当男孩犯错后,父母在对他们进行智慧的惩罚时,需要注意把握好以下几个原则:

1. 提前沟通

为了让一项惩罚更有效,我们要在一开始就把后果讲清楚。惩罚的措施和后果,本身就具有一定的预防作用,可以起到威胁的效果。如果父母提前跟孩子进行充分沟通,孩子自然也就明白哪些事情不能做、做了会有什么处罚等,无形中会增加一道心理防线,抵御犯错的冲动。

2. 立即执行

对于惩罚而言,立即执行是确保惩罚有效的关键。一般来说,如果孩子一旦犯错后立刻就能体验到犯错的后果,那么他对这件事的记忆就会更加深刻,不容易出现我们常常说的"好了伤疤忘了痛"的情况。

3. 守住底线

每个家庭，在教育孩子时，都应该有最基本的原则和明确的底线，尤其是对于做人方面的要求。我们一定要对原则和底线心中有数，每当孩子的行为触动原则和底线时，都要进行相应的惩罚。

4. 保持一致

面对同样的错误或者问题，不可今天惩罚，明天就不罚。给孩子定规矩和提要求时，父母也要保持一致，惩罚要有同样的原因和使用同样的方式。

5. 善意和尊重的态度

有的家长在惩罚孩子时，常常用讽刺、挖苦的方式，甚至当着众人的面一顿奚落。这样的态度和方式不可取。孩子宝贵的自尊心需要呵护，即使是在犯错误的时候，家长也要注重方式、分清场合。

6. 就事论事，不带入自己的情绪

很多时候，孩子最初的行为并没有那么糟糕，却因为我们在惩罚时加入了自己的情绪，才让问题变得更加复杂，最后弄得不可收拾。

无论如何，在惩罚孩子之前，父母应该先处理心情，再处理事情。父母需要冷静思考是不是可以用其他更好的方式代替打骂。即便你觉得非打骂不可，那么也是在你经过了思考，在情绪稳定的情况下实施的。没有丝毫发泄的成分，只是一种惩罚措施，你不会伤害孩子的人格，更不会导致让你后悔终生的事情发生。但我还是强烈建议，父母不要随便打骂孩子，打骂只能说明父母欠缺教育的智慧。

教养贴士： 男性和女性的大脑天生就不一样，男性不能像女性那样同时进行听、说、思考、分析信息和识别情感，无法熟练地同时使用左脑和右脑。如果男孩的大脑同时被太多的信息包围，就会因负担过重而不得不临时关闭。

你要多倾听，千万别唠叨！

无论遇到什么事，总喜欢唠叨，算得上天底下所有妈妈的通病了，对老公如此，对孩子亦然。

比如，早上孩子不愿起床，妈妈们就会像这样大声唠叨："赶紧起床！都七点多了，再不起床就要迟到啦！"孩子起床以后，又开始一阵叨叨："快去洗脸刷牙""咋还不去吃早餐""你看看，衣服皱皱巴巴的，都怎么穿的呀""快去上学了"。

等到孩子放学刚回到家，又是"今天作业做完了吗""为什么不在学校里多做点""赶快写作业去"诸如此类的责问和督促；吃好晚饭，就会说"电视有什么好看的，不准看了，赶快去学习"；快到睡觉时间，又会说"还不快去洗澡""记得把身体擦干再穿睡衣""时间不早了，赶紧睡觉去，不然明天又起不来"。

妈妈们可以试着回想一下，类似这样的话，你每天会说几句呢？有些话是不是一天还会说很多次呢？

在唠叨、废话等的过度刺激下，许多男孩最终会对妈妈的话充耳不闻。于是，妈妈们就经常抱怨和指责孩子不听话。男性和女性的大脑天生就不一样，男性不能像女性那样同时进行听、说、思考、分析信息和识别情感，无法熟练地同时使用左脑和右脑。如果男孩的大脑同时被太多的信息包围，就会因负担过重而不得不临时关闭，需要休息一会儿了。

妈妈作为一个女性，非常擅长语言表达。但也正是这一点，导致很多妈妈把语言的优势用在对孩子的唠叨甚至是数落上。妈妈的"伶牙俐齿"往往会让孩子感到恐惧，正如男人的身强力壮会让女性感到害怕一样。很多男孩如果在年幼的时候，经常受到妈妈锐利口舌的唠叨、数落和指责，长大之后在他感到忍无可忍时，可能就会通过自己身体强壮的优势来报复或吓唬妈妈。

作为男孩妈妈，在与孩子进行交流和沟通时，就需要掌握正确的打开方式，少说多做，少唠叨多倾听，对孩子多一些尊重和信任，少一些指责和抱怨。

认真倾听，胜过滔滔不绝

任何年龄段的男孩，无论两岁还是五岁，十岁还是二十岁，其实都有这样一个非常强烈的需求——当他有话要说，有问题想问，有自己的想法需要分享的时候，总是希望妈妈能用双眼，一直注视着自己，给予充分的尊重，并认真倾听自己的想法或问题。

然而，现实却是，妈妈们往往说的比听的多，即使是对一个蹒跚学步的婴儿也是这样。久而久之，孩子们就不再听妈妈们说的话了，甚至不再和妈妈们促膝交谈了。

那么，妈妈们如何做才能成为一个受孩子欢迎的倾听者呢？

1. 专心致志，目光交流

当孩子跟妈妈说话时，妈妈一定要排除各种干扰，专心致志地认真倾听，并经常保持目光交流，还可以根据情况使用面部表情和肢体语言。妈妈们不要心不在焉地一边玩着手机，一边听孩子跟你说话。

妈妈认真倾听，实际上也是在向孩子传达这样一个信号：你对我真的很重要，值得我花时间用心倾听。这样意味着孩子在你心中永远是第一位的，他对你说的话远比你打电话、看微信或玩游戏重要得多。当然，这并不是说妈妈一定要对孩子言听计从，有求必应，而是要多花时间倾听孩子的想法，并跟孩子互动交流。

假如孩子想找妈妈说话，而妈妈确实正在忙，放不下手中正在干的活，这时妈妈就要实事求是地及时告诉孩子："儿子，等一下，等妈妈忙完手上的事情。再过五分钟，好吗？"等自己忙完之后，就寻找合适的机会跟孩子交流，倾听孩子的想法或问题。

2. 有问必答，开放式对话

当孩子向妈妈提问时，妈妈一定要做到及时回应，有问必答。如果自己知道怎么回答孩子，就及时告诉孩子；如果暂时不知道该如何回答，就如实地跟孩子讲；如果需要进一步查询或求助别人，就赶紧上网或找书查询，尽快请教别人。

在跟男孩进行对话时，尽可能避免只需要回答是否之类的封闭式对话方式，而是尽量采用开放式的对话。比如，不要问"你今天在幼儿园过得好吗"，而是问"今天你跟哪个小朋友一起玩了""你们都玩了什么呢""今天幼儿园里最好玩的事情是什么"等。

与男孩交流，需要掌握这几个秘密

作为妈妈，学会如何用最好的方法与孩子沟通，掌握与男孩进行有效交流的密码，并非易事。当然，凭借女性良好的语言技能和与生俱来的沟通能力，妈妈们只要理解了男性的思维特点和沟通方式，便能轻松找到与孩子交流的密码，尽量避免与孩子之间的冲突。

跟一个男孩沟通，和跟一个男人沟通，是非常相似的，两者间没有太多的区别。不过，很多女性在跟男性（丈夫、儿子）沟通时，往往更多采用与女性沟通的方式，比如爱唠叨、动不动就责骂等。像大多数成年男性一样，男孩大多不会仅仅为了让你满意、放心或停止唠叨，就说出那些你想听到的话，他们更愿意通过行动而非语言来表达自己的内心想法。

1. 男孩的大脑跟女孩不一样

男孩左脑的发育往往要快于女孩，这使得他们有更好的视觉能力、空间感和逻辑技巧，有更强的理解能力、数学能力和解决问题的能力。而女孩则有更出色的听觉、视觉、味觉和触觉，有更强的察言观色的能力，这使得女孩在人际交往和沟通能力方面比男孩更胜一筹。

同时，脑科学的研究表明，连接左右大脑的胼胝体，女性的比男性的要更大一些，这使得女性左右大脑有更好的联系，协作更加自如，交流更加顺畅。在进行语言交流时，女性的两侧大脑都处于活跃状态，而当她们停止说话时，通常也有一侧大脑处于活跃状态。然而，当男性说话时，一般只有一侧大脑处于活跃状态，而当他们住嘴时，左右大脑通常也跟着一起静默了。

因此，当女性问自己发呆的儿子、丈夫或男友正在想什么时，假如他们回答"没想啥"时，那么他们很可能是说的事实。不仅如此，男性经常容易走神，对别人说的话充耳不闻，尤其是自己不感兴趣时。

女性们都常常抱怨或指责自己的儿子、丈夫不听她们讲话，总是要三番五次地跟他们说同一件事。确实，男性不能像女性那样能同时听到那么多的声音，这是有生理原因的。这种差异从大脑发育的最初阶段就开始了，男性一般一只耳朵的听力优于另一只耳朵。男人听到的总会比女人说的要少，这就是很多妈妈因为不理解这一点而导致经常跟儿子、丈夫吵架的重要因素。

此外，男性在跟女性进行语言交流时，通常会感到自己处于明显的劣势，当要跟某个女性面对面坐着交谈时，每个男性都会感到一定的胆怯。

2. 尽量简短，避免长篇大论

妈妈们跟孩子进行语言交流时，要尽可能把对话变得简短，避免长篇大论式的啰唆、絮叨。假如还像跟女性交谈一样去跟男性谈话，男人们往往就会选择停止倾听、默默离开等方式来处理。女性的大脑能同时处理很多信息，但男性的大脑往往只能一次处理一件事。如果一下子塞给男性太多细节和信息，他们就会因为无法同时接收这么多信息而失去注意力。而男人们通常都不喜欢那种自己无能为力的场面和无力控制的感觉。

因而，妈妈们在跟孩子交流时，需要做到这几点：一是话语尽可能简短，不要啰里啰唆；二是一次解决一个问题，不要面面俱到；三是平等交流，不要"盛气凌人"。

3. 直截了当，避免拐弯抹角

男性的注意力大概可以持续30秒，如果用了30秒你还不能进入主题，他大脑中负责解决问题的"程序"就将启动，并开始寻找其他需要解决的问题。所以当妈妈跟孩子交流时，应该直截了当地直击主题、切中要点。

男孩需要知道，你想让他做什么以及用多长时间做完，这样的沟通方式，就会让他感到目标明确，就可以轻松地处理了。比如，当你想让孩子做到吃饭不磨蹭，如果你笼统地说"赶快吃饭，别拖拉"，他还是不明白你的要求是什么。你可以换成这样一句话："请在半小时内吃完晚饭，吃饭的时候不能看电视、玩游戏，半小时后饭菜就会收走了，不管有没有吃饱，晚上都不能再吃零食了。"这就非常明确、直截了当地告诉了孩子所有的要求、目标和规矩。

男性都是些头脑简单的听众，他们不喜欢去挖空心思揣摩别人说话的意思。如果你总是拐弯抹角地暗示他们，希望他们能够自己领悟你的意思，那么很遗憾地告诉你，他们很少能让你满意。男性大都喜欢直来直去毫不含糊，不喜欢拐弯抹角的暗示和委婉的言辞。因此，妈妈们需要坦率地、直截了当地告诉孩子你的愿望、你的想法和你的感受，不需要太多的细节甚至絮叨。

4.管住舌头，避免"暗箭伤人"

女性不经意间的嘲笑、责骂和鄙视，往往会严重伤害所有年龄的男人，特别是当这些话出自自己最亲近的女性（母亲、妻子、女友）时，男人们会感到难以忍受的羞辱。如果你曾经用比较"恶毒"的语言伤害过孩子，尤其是在那些公共场合，那么下次你跟他沟通的时候，很可能会遭到孩子的拒绝。他们宁愿封闭自己的内心，也不愿意向你倾诉。

前面提到过，男性做不到像女性那样同时进行听、说、思考、分析信息，他们的大脑天生跟女性不同，无法同时娴熟地处理很多信息或事情。所以，当妈妈跟孩子争吵或抱怨时，他可能就会低头不语，甚至不耐烦地扬长而去。这个时候，他的大脑因负荷过重需要休息，不得不临时关闭。

如果妈妈能管住自己的"毒舌"，尽可能避免使用那些"暗箭伤人"的话语，那么跟孩子的沟通就会更加顺畅，同孩子的亲子关系就会更加亲密，而你心平气和的时候说的那些话，他也会听得进去。

教养贴士：到了本该放手的阶段，很多父母也舍不得孩子从自己身边分离，成为一个独立的个体。与其说是孩子依赖父母，倒不如说是父母自己不愿意与孩子"断奶"。

你不愿放手，我怎能长大？

"儿子快十岁了，成天还要我陪着才能入睡。有几次，我把他哄睡着就回自己房间睡觉，结果半夜他突然醒来大哭。我还是于心不忍，又陪他睡一起。现在真不知道该怎么办，才能让他独自睡觉。"

对于十岁左右的男孩来说，完全可以自己独睡，很多事情完全可以自理。但很多男孩父母，最喜欢做的事情就是大包大揽，从头管到尾，从里管到外。很多时候，由于孩子从小过惯了"饭来张口、衣来伸手"的生活，就会对父母过于依赖，遇到任何事情，首先不是自己想办法去解决，而是让父母来承担、来帮助。

而到了本该放手的阶段，很多父母也舍不得孩子从自己身边分离，成为一个独立的个体。与其说是孩子依赖父母，倒不如说是父母自己不愿意与孩子"断奶"。陪着孩子睡，自己才能睡得香；喂着孩子吃，自己才能安下心；围着孩子转，自己才能闲不住。

曾在媒体上看到过这样一个极端案例：一个爱极了孩子的母亲，从儿子出生后就和孩子在一个床上睡觉，一睡就是十九年，直到儿子考上大学，而孩子的父亲则被撵到另一个房间里。这件事情，让人们深深震撼，甚至觉得不可思议。

虽然这个情况比较极端，相似的家长不会太多。但现实生活中，不愿意放手的家长并不在少数，很多父母从小就为孩子包办一切的做法，从性质上跟这个案例无异。

曾在网上看到这样一个略带讽刺的段子，父母都是这样做的。5岁，我给你报了少年宫；7岁，我给你报了奥数班；15岁，我给你报了重点中学；18岁，我给你报了高考突击班；23岁，孩子，我给你报了公务员；32岁，孩子，我给你报了"非诚勿扰"。

国外有一个说法叫"Helicopter Parents"，直译过来就是"直升机父母"，形容一些父母成天就像直升机一样盘旋在孩子的上空，时时刻刻监控孩子的一举一动。"直升机父母"的过度保护和限制，使孩子失去自由成长的机会。这既不利于其独立性的培养，又不利于其社会性的发展。

父母愿意放手，才是对男孩最大的爱

在孩子成长的每个关键阶段，父母都很乐意替孩子的人生做主。很多人还把这样做解释为"我太爱孩子了，舍不得孩子受苦受累""我都是为了孩子好"等冠冕堂皇的理由。因此，他们才把什么都给孩子安排好。

把孩子人生的每一步都安排好，无论是孩子的生活，还是孩子的学习，我们都要去掺和，这是现在很多家长的写照。殊不知，所有这些可能影响孩子一生的抉择，很多时候并不是孩子自己想要的，大部分其实都是父母在为自己考虑。因为他们始终把孩子看成自己的附属品，希望能够永远拥有属于自己的孩子。

这些做法，大多数时候都会被父母冠以"爱孩子"的美名。然而，这些看似对孩子的爱，却显得有些变态和扭曲，最后甚至演变成一种伤害。这样做不仅害了父母自己，而且害了孩子一生，甚至害了一家人。

如果把孩子当宠物养，也许这样的爱，还会让对方感觉挺惬意的，不用动脑筋，不用独立面对，就有人帮着承担、帮着解决。但是，孩子和我们一样也是人，而人是社会性动物，只有融入社会才会体现价值。每个人都是社会最小的单元，他们有独立的思考，有独立的人格。

一个总是依附于父母生长的人，永远都无法学会独立面对社会，更无法自己独立生活，最终失去作为一个人的意义。从这个角度来看，父母无微不至的爱其实就是一种害。

父母舍得放手，男孩才能真正长大

导致父母不愿对孩子放手，既有大多数家庭都是独生子女这个社会背景的因素，更有很多人把孩子看作自己的私有财产这个心态的影响。深入分析，其实就是很多父母自己压根不愿跟孩子一起"断奶"，希望通过对孩子的控制来实现自己的占有欲，通过对孩子的依赖来获得自身的安全感，通过对孩子的呵护来寻找成就感。

我家两个孩子刚上幼儿园的时候，我们也有过这样的纠结。心里总是对孩子一百个不放心，老是为孩子到了幼儿园会不会自己吃饭、午睡会不会穿脱衣服、会不会生病感冒、上厕所会不会擦屁股等事情操心。但没过多久，我们发现孩子以前在家不会做的事情，在幼儿园很快就学会自己动手了。

其实，只要我们愿意放手，让孩子做力所能及的事情，孩子往往都能做得很好。对于小班的孩子，完全可以自己穿脱衣服，自己吃饭。孩子的自理能力往往比家长想象的还要更好。

有一次，我参加幼儿园举办的亲子活动，有机会观察孩子们的午餐过程。当天的午餐，有一道菜是虾。平时在家里吃虾，我们都会给孩子剥好壳再给他们吃，因为二宝小雨一直说自己不会剥。

可是那天，老师不允许任何家长帮忙给孩子剥壳。最后我发现，班上每个孩子都知道这个大虾得先去头，再去尾，最后剥掉壳。令我吃惊的是，三十多个小朋友，没有一个不会自己动手的，哪怕是平时在家吃饭不乖的孩子。

回家的路上，我问小雨，为何自己会剥虾，在家还要我们帮着剥。小雨回答说，因为自己剥很累的，而且有时候还要扎着手，很痛的。

看来，在孩子心里，只要任何事情都能寻找到靠山，孩子就容易养成一种依赖心理，在心理上难以跟父母"断奶"。孩子总有长大的一天，如果我们不跟孩子一起在心理上进行"断奶"，那么孩子很有可能成为一个永远长不大的"小屁孩"。

有人戏称，中国的父母是全世界最好的父母，从嗷嗷待哺到长大成人的每个阶段，父母没有不操心的。但是，和我们全心全意为了孩子的父母相比，孩子们却并不领情。我们的孩子在生活上娇气十足，在性格上我行我素，在人际交往上以自我为中心，在面对挫折时不知所措。

我曾看到，一个12岁的孩子，竟然不知道怎样剥鸡蛋皮，因为剥鸡蛋皮的工作从来都是父母代劳的；一个17岁的孩子，打死自己的亲生父亲，只是因为父亲没有及时给他一百元压岁钱；一个30多岁的男人，整日游手好闲靠啃老度日。

因为父母在孩子心目中就是自动取款机。既然有了提款机，还需要出去工作吗？父母变成了孝顺的父母，孩子变成了忤逆子。真是可怜天下父母心！

有一次，一个男孩的父母带着孩子来我这里咨询。孩子成绩很差，父母担心孩子不能考上高中，所以想让我跟孩子谈谈，让他有点紧迫感，再努把力，至少要能考上高中。

孩子是随着父母一起进来的，有一个大书包爸爸始终拿着。坐了一会儿，妈妈想起来孩子没有吃早饭，忙不迭地去附近的肯德基给他买吃的，我们继续谈。

孩子很内向，问一句答几个字，有时候根本就沉默，只有爸爸在一旁替他回答。早饭买来了，孩子有了点笑脸，问妈妈有没有买他最喜欢吃的烤鸡翅。妈妈脸色一变，口里连说："对不起，我忘记了，对不起"！孩子一脸怒气，推门而出，妈妈也紧跟着出去了。

爸爸很尴尬地看着我，跟我说："这个孩子我们操了很多心，只是希望他能好好读书，其他什么都不需要他做。不夸张地说，冬天的衣服我们都是要捂暖和了，才给他穿，起床后洗脸水打好，牙膏都是挤好的。我们全部心血和精力都放在孩子身上，为什么他就是不理解？"

这位爸爸的疑惑，其实也是很多家长的疑惑。为什么孩子不能理解我们的一番苦心？为什么父母做得越多，错得也越多呢？

其实，男孩更需要这样的父母，他们能知道什么时候应该放开孩子的手，让他真正成年。放开孩子，让他们步入成年阶段，这个过程是不可避免的，这也是我们抚养孩子最重要的目标之一，让我们做好充分的心理准备，而不是害怕这一天的到来。

父母需要转变观念，孩子不是私有财产

我们需要转变观念，孩子是你生的，但他们不是你的私有财产。父母常常把孩子当成私有财产，把孩子当成是生命的下一段延续，孩子要继承我们的意愿，弥补我们生命中的遗憾的。于是，我们对孩子有非常多不合理的期望，我们管得太多、安排太多，甚至开始安排他的终身。

由于父母觉得孩子是自己的，所以事事都要大包大揽，对孩子无微不至，怕他经历父母的曲折，怕他承受不起风雨，也让他肩负父母过多的期望。最后，孩子被培养成一个不能担负责任，事事依靠父母，不快乐、不幸福的人。

蒙台梭利曾这样说："每个独立了的儿童，他们懂得自己照顾自己，他们不用帮助就知道怎样穿鞋子、怎样穿衣服、怎样脱衣服，在他的欢乐中，映照出人类的尊严；因为人类的尊严，是从一个人的独立自主的情操中产生的。"

虽然孩子需要母亲怀胎十月，靠父母辛勤养育才能长大成人，但孩子作为独立的人，应该是拥有独立人格，并能承担自己责任的人。就像《圣经》里面所说："你们要知道，你们的孩子并不是你们的，他是上帝派来的天使，你们只是负责照顾。"

如果我们真的爱自己的孩子，就让孩子走自己的路，不要试图去霸占他。孩子不是父母的私有财产，而是上帝派来的天使，我们只是有机会照顾而已。我们需要成为一个旁观者，我们需要为他们的成长鼓掌，我们需要扮演好一个陪伴孩子长大的父母。

孩子是一个独立的人，他不属于任何人，他属于整个世界。他不能依靠任何人，他只能依靠自己。他没有任何捷径可以走，他也只能和我们一样一步一步，曲曲折折地走向成熟。

当我们意识到孩子是独立的人，不是父母的附属品时，我们的言行可能会发生变化。但是，很多父母还是会有很多疑惑。曾经有家长问我："其实我也知道要让孩子独立，可是当我看到孩子走弯路，难道我不去管吗？毕竟我比他有经验，我本来可以指导他的，难道你不说，就让他走弯路吗？"

其实问题本身不在于做不做，而在于怎么做，因为孩子年轻缺乏经验，有很多事情需要我们去引导，甚至需要我们去帮助，这个是毋庸置疑的。但是，我们怎么加以引导，怎么做才能既培养孩子的独立性，又不至于让孩子走太多弯路，这个是我们需要注意的。

让我们来看看父母害怕什么。父母最害怕的是孩子受伤害，最希望自己的孩子能一帆风顺地长大，没有什么波折就能够出人头地。可是，作为活了半辈子的成年人，家长最应该知道在一生中怎么可能不经历苦痛，怎么可能没有波折。所以我们最害怕的不应该是孩子受伤害，而应该是孩子受了伤害不能痊愈。

我们要做的是培养男孩强健的心理免疫系统。强大的心理免疫能力，不是一直保护着孩子不受伤、不痛苦，而是让他们受伤后能够更快地恢复。就如同汽车的引擎，小引擎开上陡峭崎岖的山坡容易损坏，但如果是大的引擎，不费催灰之力就能够爬上山坡。

因此，当孩子面临痛苦时，我们想的不应该是如何才能不让孩子受痛苦，而是引导他怎么直面痛苦、怎么舒缓情绪、怎么从痛苦中恢复，从而建立自己强健的心理免疫系统。我曾经跟很多家长说过这样一句话："我害怕的不是孩子承受痛苦，我害怕的是当孩子还没有学会如何从痛苦中恢复的时候，我已经不在他身边。"

教养贴士： 父母对孩子进行适当的情感指导、行为引导、精神引领，时时处处做一个引领孩子前行的"灯塔"，最终就会引发孩子的自我成长、自我教育和自我控制。

你就是"灯塔"，引领我前行！

完整的教育体系应该包括家庭教育、学校教育、社会教育和自我教育等方面。对于这四个方面，我一直认为，家庭教育始终处于首要的位置，学校教育处于主导的地位，社会教育是外因，自我教育是内因。

自我成长的动力、自主学习的能力，是每个孩子与生俱来的本能。这从婴儿的第一声啼哭就可以看出，没有任何人教他们，自己却知道通过哭声来唤起大人的关注和爱护。

当然，这并不意味着父母就可以对孩子撒手不管，任其野蛮生长。如果父母对孩子进行适当的情感指导、行为引导、精神引领，时时处处做一个引领孩子前行的"灯塔"，最终就会引发孩子的自我成长、自我教育和自我控制。而这一点，对于男孩来说尤为重要。

美国作家劳拉·马卡姆博士，在《父母平和，孩子快乐》一书中有这样一段话："如果我们将自己视为孩子的教练，我们知道我们只能对他们施加影响。于是，我们会非常努力地保持自尊和亲子互动，孩子也会主动地效仿我们的行为。正如体育教练帮助孩子增强体质和提高运动技能一样，指导型父母也会帮助孩子强化思想和情感的肌肉以及生活技能，让他们更好地自我控制，获得更好的生活体验。"

那么，作为男孩父母，我们究竟如何做，才能引领孩子自我成长，成为孩子成长之路上的那个"灯塔"呢？

情感指导，让男孩学会情绪管理

大多数父母从小就会重视孩子的知识和技能学习，比如教孩子认字、算术，让孩子学琴棋书画，教会孩子吃饭穿衣等。但是，父母们却很少对孩子进行情感指导，比如教孩子如何管理自己的情绪以及相应的行为，如何理解别人的情绪等。

如果父母经常对男孩进行情感指导，既有利于孩子培养情绪控制能力，也有利于父母与孩子之间建立情感联结。在这个过程中，父母跟孩子之间完全是一种平等的朋友关系，彼此信任、互相尊重。久而久之，父母也就自然而然地成为孩子最为信赖的"知己"。

1. 通过移情，接纳孩子的情绪

情绪是从孩子内心发出的信号，代表孩子最真实的感受，没有任何道德意义上的对错之分。因而，无论孩子表达的是正面还是负面的情绪，我们首先要给予理解和接纳，并站在孩子的视角去感同身受。

比如，当孩子正在看一个自己最喜欢的动画片时，餐桌上已经摆好饭菜。如果我们强行要求孩子关掉电视可能会引起他发脾气。这个时候，我们可以对他说："宝贝，我知道，这个动画片确实很好看，很多小朋友都喜欢看。不过，现在已经是吃饭时间了，你可以先吃好饭再去看，好吗？"

大多数情况下，只要孩子感觉到自己的情绪被父母理解和接纳，他们的情绪强度便会减弱，甚至开始逐渐消失。

2. 允许孩子恰当释放情绪

让男孩释放情绪，远比压抑他的情绪，更有利于孩子的身心健康。被压住的情绪一旦积累到一定程度，不仅不会自动消失，反而可能会通过更剧烈的方式爆发。这就需要父母允许孩子通过恰当的方式释放自身的情绪，比如，在地上跺脚、大声哭泣、拍打毛绒玩具等。

当孩子宣泄和释放情绪后，我们既不要冷嘲热讽，也不要视而不见。最好的做法就是给他一个热情的拥抱，给他温暖的关爱，鼓励他向我们倾诉，继续释放尚存的负面情绪。这样做就可以给孩子安全感，还可以借此机会与他建立情感联结，让孩子感觉到父母就是自己的"知己"。

3. 探寻情绪背后的原因

每一种情绪的背后都是有一定原因的。如果我们能帮助孩子一起探寻情绪背后隐藏的真实原因，那么也就能跟他一起想办法解决问题，消除引爆情绪的导火索。

比如，当不能立即满足孩子的某个要求而导致他大发雷霆时，我们就需要搞清楚他的真实需求是什么。然后，我们引导孩子通过想象愿望得到满足，来降低愿望背后的情绪强度，让他以更开放的心态接受替代解决办法。

4. 让孩子理解自己的感受

根据神经科学的研究，当孩子情绪激动时，他的行为主要受大脑右半球控制。如何让孩子理解自己的感受，我们需要帮助孩子利用左脑，它主要负责理性思维。这样，就可以更好地理解当前发生的事情，不再只是受强烈情绪的控制。

我们可以通过语言或故事，帮助孩子明确指出当前的感受。比如，当孩子害怕打针时，我们就可以在打针之前告诉他："宝贝，今天打针肯定会痛的。不过，究竟有多痛，一是看这个医生是否熟练，二是看你自己是否紧张。如果你不紧张的话，就不会害怕的。要不，你就闭上眼睛吧！"当然，我们还可以给孩子讲讲自己小时候打针的故事，来缓解他的情绪，帮助他理解自己的感受。

5. 合理满足孩子的需求

很多时候，孩子之所以爆发比较强烈的情绪，通常以愤怒的情绪表现出来，那就是因为他们的一些重要需求没有得到及时满足，但他们又无法用语言描述。无论多大的孩子，除了吃喝拉撒睡等生理需求外，他们还有更深层次的需求，比如，父母无条件的爱、得到父母的关注、感到被父母接纳和认可、自己做主的权利、独立做事的机会等。

如果深层次需求没有得到合理满足，他们就可能通过哭闹或"不当行为"来表达对其他方面的要求，比如，要求占有更多东西、要求多玩一会儿再睡、要求比兄弟姐妹获得更多照顾等。但是，当我们合理且及时地满足孩子的基本需求以及深层次的需求，并被孩子明确地接受和感受到，他们就会变得更顺从，更愿意配合。

6. 引导孩子正确表达情绪

每个孩子都有权利以正确的方式来表达自己的情绪。父母要做的就是告诉孩子，情绪的表达需要适度、表达情绪的方式要正确、表达情绪的时机也要把握好等。

比如，当六岁哥哥最心爱的玩具车被三岁弟弟弄坏时，哥哥可能会怒火中烧，甚至通过武力来表达。这时，我们就要告诉他："宝贝，弟弟是不小心弄坏的。不过，你也不能通过打他来发泄你的愤怒。你可以大声告诉弟弟，不能乱扔别人的东西。如果下次你再这样，我的所有玩具都不给你玩了。"

7. 通过游戏处理情感问题

孩子面临的大多数情感问题都是可以通过游戏来解决的。有一本很畅销的书就叫《游戏力》，里面专门讲到如何借助游戏的力量来帮助孩子管理自己的情绪，处理遇到的情感问题。同时，父母通过游戏来规范孩子的行为也是很有效的。

比如，当孩子生气时，可以玩枕头大战游戏；当孩子有分离焦虑时，可以玩"躲猫猫"游戏；当孩子捣乱或不听话时，可以玩互相拥抱的游戏；当孩子感到恐惧时，可以跟他玩"骑大马"（骑在大人的背上或脖子上）游戏；当孩子面临很大压力时，可以玩角色扮演游戏。

行为引导，让男孩学会行为控制

大多数父母都希望把自己的孩子培养成具有自律意识和自律精神的人，无论大人是否在场，他们都可以做到行为举止得当，能够独立思考和判断，尊重别人。但是，很多父母并不知道究竟如何引导孩子的行为，为了让孩子顺从和配合，他们最容易想到的就是恐吓、威胁或暴力等方式，强迫孩子"一切行动听指挥"。

这样的控制型教育方式在短期内可以很快见效，但却不利于孩子自我调节能力的发展，只能算是权宜之计。教育孩子大多数时候都需要从长计议，否则治标不治本。

对于男孩的行为，父母需要多引导、少控制，最终让孩子学会行为的自我控制。引导型教育方式可以激发孩子主动追求正确、得当的行为，父母为孩子提供支持，孩子以父母为榜样，让孩子感到自己充满力量，逐渐培养自我调节能力。

1. 充满关爱地进行指导

孩子需要大人的关爱才能快乐成长，就像植物需要阳光才能茁壮成长一样。如果要让父母对孩子进行的行为指导变得有效和长久，那么父母跟孩子之间一定要有情感的联结，要有稳固的亲子关系。这一切都离不开父母对孩子无条件的关爱。父母对孩子指导时的关爱程度越高，孩子就会以更加开放的心态接受我们倡导的行为准则和规范。

2. 充满同情地设定界限

在不同的阶段，父母根据孩子的身心发展特点和规律，为孩子设定适当的限制、明确行为的界限，是养育孩子的一项重要任务。合理的界限和适度的规则可以确保孩子的安全和自由，帮助他们更好地学习社会准则和行为规范。如果父母充满同情地设定界限，孩子就有可能增强自我控制的能力，也就是我们常说的自律能力。

那么，我们究竟如何充满同情地为孩子的行为设定界限呢？

首先，培养你与孩子之间强有力的支持关系，让他知道你支持他。

设定界限时，与孩子沟通交流。比如："这样做好像非常有趣……但是，我想可能会伤害他人。"

设定界限时，要表情镇定、和善，并表现出真挚的同情。

我们以让孩子停止玩游戏、去洗澡为例。

设定界限时，要承认他的观点："停止游戏到屋里来肯定很难做到。但是，现在该洗澡了。"

通过提供选择，消除孩子被"强迫"的感觉："你现在想进来，还是过五分钟再进来？"

征得孩子的同意，让他承认是"自己"的界限："好的，五分钟之后再进来。但是，五分钟之后可不准反悔哟？我们拉钩。"

愉快贯彻，保持心情快乐，规则和要求就更容易得到执行："五分钟已过，现在该进来了。"

持续交流，表达理解："你玩得真高兴！不过，现在该洗澡了。"

切忌讨价还价："我知道，停止游戏确实很难。但是，我们说好了五分钟后洗澡，而且不许反悔。现在五分钟已过，我们走吧。"

如果孩子对你的要求又哭又闹，要耐心倾听他的感受："我就在你身边，宝贝。如果你愿意，我们拥抱一下。"

对孩子行为背后的需求或感受做出回应："你还想玩游戏，对吗？等我们洗完澡后再玩五分钟，赶快洗澡去吧！"

3.为孩子提供"脚手架"支持

"脚手架"是苏联发展心理学家维果茨基提出的一个概念。什么是脚手架？直观的理解就是正在建造的建筑四周搭起来的临时结构，为工人提供保护和支撑。当建筑竣工后，脚手架就会拆除。

父母为孩子提供的"脚手架"，就是帮助他们建造自己的内在结构，在具体行为上获得成功，能自己面对和解决问题。一旦孩子获得某方面的行为能力，父母就要立马撤回"脚手架"，静候下一次的出手。

那么，父母究竟如何利用"脚手架"支持，帮助孩子培养解决问题的能力呢？

（1）提供示范。"宝贝，你看，我们可以这样轻轻地摸小弟弟的脸，但不能使劲地捏他哦。"

（2）提供建议。"你是先洗脸还是先吃饭呢？如果不洗脸就吃饭，你的眼屎很可能就会掉到碗里。你的小手也不干净，如果有细菌，就会生病的哟！"

（3）心理支持。"如果你感到一个人睡觉很害怕，那么妈妈就先陪你睡一会儿吧！"

（4）友情提醒。"你在睡觉之前，记得把自己的书包整理好、书桌收拾干净。"

（5）热情鼓励。"这首曲子确实有些难，但我觉得多练几次，你一定可以弹得很好的。继续加油吧！宝贝。"

教养贴士： 男孩需要从父亲身上看到男人的一些特点：身体强壮、勇敢坚毅、观察敏锐、遵守规则等。男孩需要从父亲身上看到如何做丈夫、如何做父亲、如何交朋友、如何当领导等。男孩还需要向父亲学习如何表达和管控自己的情绪。

我要学做好男人，爸爸千万别缺席！

父亲和母亲对孩子的影响都很重要，在孩子成长过程中起的作用也是不同的，两者不可偏废。父亲在孩子的自尊、自信、身份感及性格形成的过程中，扮演着重要角色。

英国著名教育家斯宾塞曾在他的《斯宾塞的快乐教育》一书中这样写道："父亲在身体、气质和思维上的特点，很容易被孩子当作心中的偶像。孩子也总从父亲身上获得面对外部世界的信心。父亲，是孩子通往外部世界的引路人，好的不好的都影响巨大。"

男孩需要父亲作为榜样。男孩需要从父亲身上看到男人的一些特点：身体强壮、勇敢坚毅、观察敏锐、遵守规则等。男孩需要从父亲身上看到如何做丈夫、如何做父亲、如何交朋友、如何当领导等。男孩还需要向父亲学习如何表达和管控自己的情绪。当一个孩子看到父亲不断努力成为最好的榜样，很可能会激起他自身上进的愿望。很多男孩在面对压力时，就会被父亲的榜样作用所激励。

而对于男孩的成长来说，从6岁左右到13岁的这段时间，爸爸的参与至关重要。这是爸爸对孩子产生影响，同时也是在孩子心中树立英雄形象的关键时期。男孩到了6岁左右，就会突然变得"男子气"十足。6岁左右的男孩似乎更喜欢和爸爸或其他男性在一起，想向他们学习，模仿他们。他们的目的就是学着做一个男人。如果在这个时候，爸爸忽略了这一点，那么孩子就会不时地制造麻烦，可能会打架，可能会尿床。这样做主要是为了引起爸爸的注意，希望爸爸给予更多的陪伴和关爱。

每个男孩都需要经常听到他的父亲对他说这样几句话："我爱你""我相信你"和"我为你骄傲"。假如不能从父亲那里得到这样的祝福，男孩长大后，还可能终其一生去追寻。上天赐给男人非凡的力量去积极地影响孩子的成长，我们可以选择使用这种力量，也可以选择不用。

在养育男孩的过程中，爸爸如果经常缺席，究竟会对孩子的成长产生哪些负面影响呢？美国人布兰肯霍恩在《得不到父爱的美国》一书中认为，父亲的作用是不可替代的，得不到父爱的男孩，以后更易产生暴力倾向、受到伤害、陷入困境、在校成绩不佳，而且在青春期时更有可能加入不良团伙。父亲的缺席，很可能会在男孩的心里留下一道深深的、难以愈合的伤疤。

那么，爸爸在孩子成长过程中究竟需要扮演好哪些角色呢？到底如何做，才能真正成为一位能够引领孩子成长为好男人的好爸爸呢？

好爸爸需要承担的七大角色

1.成熟男人：向孩子传递健康的男性形象

无论是儿子还是女儿，爸爸都需要向孩子传递一个健康的男性形象。

但对于男孩的成长而言,这一点尤为重要。男孩会学习爸爸的一言一行、一举一动,还会通过观察父亲和其他男人的行为来学习如何感受一切。他们需要知道,父亲是如何表达自己的悲伤、生气、高兴和恐惧的。

对于你的妻子而言,她需要的不是一个"长不大的"孩子,而是一个顶天立地的男人。她需要的不是豪言壮语的英雄,而是一个能站在她的立场上支持她、和她一起解决问题的普通人。妻子渴望丈夫能做到这一点。如果丈夫能做到这一点,那他就能得到妻子的尊重和信赖,也在向儿子传递一个健康的男性形象。

2. 运动"教练":关注孩子的运动能力发展

运动能力是孩子自我评价的一个重要方面,运动项目也是提升孩子自尊与自信的一个重要途径。对于发展孩子的运动能力,男性的身体优势、性格特点都使得爸爸更适合成为孩子的运动教练。

爸爸需要多鼓励和引领自己家的孩子,尤其是男孩,经常参加一些强度比较高、活动量比较大的体育运动,比如各种球类运动、游泳、跑步、跳高、跳远等。当然,鼓励孩子参加体育运动和锻炼,并不一定非得到正规的运动场馆才能进行,更多的运动其实完全可以融入日常生活之中,比如滑滑梯、轮滑、跳绳、跑步、骑自行车、爬山等。

3. 生活"保姆":分担家务,照顾孩子生活

作为家庭的一员,无论爸爸们有多忙,都不能当甩手掌柜,跟妈妈一样,也需要成为孩子的生活"保姆",帮助分担一些家务,承担一部分照顾孩子生活的责任。

具体分担什么样的家务、承担哪些照顾孩子生活的责任,需要视爸爸的空闲时间多少、家庭成员的分工等情况而定。我们一直跟老人生活在一起,所以很多家务事都由他们代劳了,但我家两个孩子小时候的尿布,只要我在家的时候基本上都是由我来换,晚上给孩子洗澡也由我和妻子共同配合。

4. 最佳玩伴：陪伴孩子打闹和游戏

德国著名教育家福禄贝尔认为"游戏就是儿童成长的全过程"。幼儿阶段的孩子，主要任务就是玩耍和游戏。除了鼓励孩子跟同伴玩耍和游戏以外，父母同样需要成为孩子的玩伴，而爸爸就是孩子的最佳玩伴。

绝大多数男孩都喜欢打闹。爸爸可以跟孩子一起打闹，为了快乐，也为了教他学会自控。孩子在打闹中所学到的东西，对他们以后的成长具有非常重要的意义，这是他们成为真正的男人所必须经历的一课：知道怎样玩得开心，怎样制造噪声，甚至怎样使自己生气；同时，他们也应该知道什么时候结束。

如果你曾在孩子小时候和他打闹过，那你就一定经历过这样的场景：开始时，孩子很高兴，但一两分钟后，他们就会失去兴趣，变得愤怒起来。他们甚至会高昂起头，以示抗议，还会紧皱眉头，开始用肘推挤，用膝撞击。"打住！打住！停！"此时，你可以趁机教会孩子在适当的时候停下来，然后，你可以给他上一课——不要大声吼叫，只需平静地解释就可以。这样，你的孩子就学会了最重要的一个生活技巧，那就是自控。

5. 学习伙伴：陪孩子一起阅读、探索世界

阅读是一种重要的学习途径，同时也是感受快乐、探索世界的一个体验过程。在电子化时代，虽然孩子更容易被电视、电脑、iPad等电子产品吸引，但作为爸爸，我们有责任引导孩子步入阅读的殿堂，享受阅读的美妙，成为孩子的学习伙伴。

在孩子比较小的时候，爸爸要多陪在孩子身边进行亲子阅读。那么，我们如何陪孩子一起阅读呢？根据我的亲子阅读实践，总结出以下几个方面：

孩子永远是主角，家长不要越俎代庖。

孩子先翻阅，然后让孩子讲讲这本书叫什么、大概讲的什么故事等。

家长有表情地朗读给孩子听。

读完后，家长用问题适当引导，比如："你最喜欢哪个角色？""为什么呀？"

家长和孩子一起，分角色表演故事。

家长引导孩子续编故事。

6. 人生导师：培养孩子健全的人格和价值观

家庭是孩子的第一所学校，父母是孩子的第一任老师，同时也是孩子成长过程中的人生导师。孩子的教育，特别是成为"人"的教育，开始得越早越好。

幼儿阶段，恰好是人格培养、习惯养成的关键时期。俗语云："三岁看大，七岁看老。"在这个阶段，孩子养成的习惯、形成的性格、培养的品格，将影响孩子的一生。

其实，最好的早教，就是父母的教育。家庭的氛围将会让孩子耳濡目染，大人的言行会让孩子潜移默化。而爸爸理应担当起培养孩子健全人格和价值观的这个重任，通过自己的一举一动、一言一行去影响孩子，从而塑造孩子的品格和价值观。

7. 模范丈夫：爱妻子，有修养，敢担当

男孩会通过观察爸爸的举动来学习如何表达自己的爱。当我们向妻子表达自己的关怀、哄妻子开心的时候，当我们说出自己的浓浓爱意或与妻子拥抱、亲吻时，在无形之中，孩子都在向父亲学习将来如何向自己的另一半表达自己的爱。

所以，我们需要尽可能做一个有修养的丈夫，应该尊重妻子，不要辱骂、蔑视妻子，更不能暴力对待妻子。为了孩子能健康成长，一定要善待自己的伴侣，给对方一定的空间和时间以及足够的关心，努力保持亲密的夫妻关系。同时，孩子需要看到的不仅仅是男性要尊重女性，还要让他知道，男人是敢于担当、勇于承担责任的。

会陪孩子玩，才是好爸爸

"我老公只知道挣钱，成天在外面忙应酬，大多数时候就是跟朋友一起喝酒、打麻将。回到家里，既不管孩子的学习，也不陪孩子玩。在他眼里，好像孩子就是我一个人的事情。我该怎么扭转他的观念呢？"

这是一位妈妈对自己丈夫的抱怨和指责。而这样的爸爸，从古至今并不少见。很多爸爸往往会把"忙"作为最好的借口。工作忙，可能是事实，很多时候也是绝好的借口，所以我们没有时间来倾听孩子，来了解孩子。但说到底，还是我们是否愿意对自己的孩子用心，是否愿意陪伴孩子一起成长。

即使爸爸有空陪孩子一起玩，但我们常常看到的画面却是，当孩子积极投入游戏中的时候，爸爸只是随意做做表面文章。爸爸刚玩几分钟就开始东张西望，若有所思，孩子往往不停地叫着爸爸，希望唤回神游的父亲。如果这样陪孩子玩，可能持续不了多长时间，孩子和爸爸都会感到索然无味而草草收场。这样的陪玩，也完全达不到亲子互动的目的。

作为爸爸，究竟如何陪孩子玩，才能既让孩子收获快乐，又让亲子互动的效果最佳呢？

1. 转变心态：从陪孩子玩转变为和孩子一起玩

要让自己更加投入地陪孩子一起玩，首先就得把我们的心态进行转变，从陪孩子玩，转变为和孩子一起玩。当我们感觉是自己跟孩子一起玩的时候，就不会把陪伴孩子当作一种任务，更不会随便应付孩子。同时，我们也会从中享受到早已久远的童年欢笑，重新唤回那颗尘封已久的童心，不断发掘曾经熟悉的童言稚语。

2. 投入状态：从敷衍了事转变为全力以赴

孩子的眼睛是雪亮的，我们的一举一动，他们都会尽收眼底。很多爸爸跟孩子一起玩的时候，常常心不在焉、左顾右盼，让孩子感觉是在应付差事，而不是高质量的陪伴。无论多么简单的亲子活动或者游戏，只要我们全身心投入，孩子就一定能感受到。关键是我们的心与孩子的心，每时每刻都要在一起。

3. 回归童心：从成年人转变为大孩子

当跟孩子一起玩的时候，我们需要始终把自己当作一个大孩子，放低成人的身段，放下家长的权威，退回到曾经的童年时代，与孩子一起嬉笑怒骂。我们要以朋友的身份、平等的态度和孩子一起玩，不要居高临下地随便指责孩子。如果爸爸经常不耐烦地对孩子责骂说"你真笨""怎么老是教不会"，孩子也许以后就再也不愿和我们玩游戏了。如果在孩子看来，我们就是一个喜怒形于色的"大男孩"，他们在玩的过程中就会更加放松，也会更加愉悦。孩子的心是最容易俘获的，关键就是我们自己要永远保持一颗童心。

4. 不断成长：从黔驴技穷转变为陪玩高手

很多时候，爸爸之所以不愿意陪孩子玩，并不是不愿对孩子用心，其实是因为他们根本就不知道如何陪孩子玩。当笨手笨脚的爸爸被孩子逼得黔驴技穷时，在他们眼里，孩子就会在转瞬之间从人见人爱的"天使"变成调皮捣蛋的"魔鬼"。

要跟孩子一起玩得开心，我们是需要掌握一定技巧的，需要学会很多方法的。如果爸爸的兴趣爱好不广，那就尽量多培养一些兴趣特长；如果爸爸的游戏方式单一，那就尽可能学习更多的游戏；如果爸爸的耐心不够，那就努力克制自己的急躁情绪；如果爸爸的激情缺乏，那就尽情享受亲子之悦。

其实，陪孩子玩也是一门学问，在选择和开展游戏时，我们需要根据孩子自身发展的特点和规律，选择适合孩子所处年龄段的游戏。假如孩子总是粗心，爸爸可以和孩子玩"找不同"；如果孩子坐不住，爸爸可以和孩子玩拼图；对处处以自我为中心的孩子，可以跟孩子玩角色扮演游戏，比如在医院游戏中当医生，让他学会照顾别人。

附　录

写给男孩的两首诗

1. 如果

[英]拉迪亚德·吉卜林

如果所有的人都失去理智，咒骂你
你仍然保持头脑清醒
如果所有的人都怀疑你
而你仍能坚信自己，让所有的怀疑动摇
如果你要等待，不因此而厌烦
为人所骗，不因此而骗人
为人所恨，不因此抱恨
不要太乐观，不要自以为是

如果你是个追梦人——不要被梦主宰

如果你是个爱思考的人——光想会达不到目标

如果你遇到骄傲和挫折

把两者当骗子看待

如果你能忍受，你曾讲过的事实

被恶棍扭曲，用于蒙骗傻子

看着你用毕生去看护的东西被毁坏

然后附身，用你破烂的工具把它修补

如果你在赢得无数桂冠之后

突遇巅峰下跌之险

失败过后，东山再起

不抱怨你的失败

如果你能迫使自己

在别人走后，长久地坚守阵地

在你心中已空荡荡无一物

只有意志告诉你"坚持"

如果你与人交谈，能保持风度

伴王行走，能保持距离

如果仇敌和好友都不伤害你

如果所有的人都指望你，却无人全心全意

如果你花六十秒进行短程跑

填满那不可饶恕的一分钟——

你就可以拥有一个世界
这个世界的一切都是你的
更重要的是，孩子，你是一个顶天立地的人

2. 人生颂

[美] 朗费罗 著 杨德豫 译

不要在哀伤的诗句里告诉我：
"人生不过是一场幻梦！"
灵魂睡着了，就等于死了，
事物的真相与外表不同。

人生是真切的！人生是实在的！
它的归宿绝不是荒坟；
"你本是尘土，必归于尘土"，
这是指躯壳，不是指灵魂。

我们命定的目标和道路
不是享乐，也不是受苦；
而是行动，在每个明天
都超越今天，跨出新步。

智艺无穷，时光飞逝；
这颗心，纵然勇敢坚强，
也只如鼙鼓，闷声敲动着，
一下又一下，向坟地送丧。

世界是一片辽阔的战场，
人生是到处扎寨安营；
莫学那听人驱策的哑畜，
做一个威武善战的英雄！

别指靠将来，不管它多可爱！
把已逝的过去永久掩埋！
行动吧——趁着活生生的现在！
胸中有赤心，头上有真宰！

伟人的生平启示我们：
我们能够生活得高尚，
而当告别人世的时候，
留下脚印在时间的沙上；

也许我们有一个兄弟
航行在庄严的人生大海，
遇险沉了船，绝望的时刻，
会看到这脚印而振作起来。

那么,让我们起来干吧,
对任何命运要敢于担待;
不断地进取,不断地追求,
要善于劳动,善于等待。

20部适合男孩看的冒险动画电影

1.《海底总动员》

《海底总动员》是一部由皮克斯动画工作室制作,并于2003年由迪士尼发行的美国电脑动画电影。该影片一经上映即获得了空前好评,并于2004年成功收获奥斯卡最佳动画片奖。

故事主要叙述一只过度保护儿子的小丑鱼玛林,和它在路上碰到的蓝唐王鱼多莉两人,一同在汪洋大海中寻找玛林失去的儿子尼莫的奇幻经历。在路途中,玛林渐渐了解到它必须要勇于冒险,并且它的儿子已经有能力照顾自己了。

2.《飞屋环游记》

《飞屋环游记》是由彼特·道格特执导,皮克斯动画工作室制作的动画电影、首部3D电影。

影片讲述了一位老人曾经与老伴约定去一个在遥远南美洲的瀑布旅行，却因为生活奔波一直未能成行。直到政府要强拆自己的老屋时，他才决定带着屋子一起飞向瀑布。在路上，他与结识的小胖子罗素一起经历了各种冒险。

3.《辛巴达历险记》

《辛巴达历险记》是梦工厂于2002年制作的动画电影，故事改编自《一千零一夜》。

电影中，传奇水手辛巴达挑战地中海女神的神话故事令人神往，闪烁着古代阿拉伯神话的传奇魅力。

4.《驯龙高手》(1、2)

《驯龙高手》由梦工厂制作，于2010年3月26日上映，故事内容改编自葛蕾熙达·柯维尔的童书《如何驯服你的龙》。

故事讲述一个住在博克岛的维京少年希卡普，他必须通过驯龙测验，才能正式成为维京勇士。驯龙测验即将到来，希卡普必须把握这唯一的机会，向族人和爸爸证明他存在的价值。但是，当希卡普遇见一只受伤的龙，并且和这只龙成为朋友之后，希卡普的世界将从此彻底改变。

《驯龙高手2》2014年发行，是2010年作品《驯龙高手》的续集。

《驯龙高手》中发生的故事五年之后，赛龙比赛已成为岛上最受欢迎的一项运动。男女主人公希卡普与阿斯特丽德驾驭自己的龙开始探索未知的世界。他俩发现自己已置身一场战争的旋涡，必须率领族人捍卫这片土地。

5.《豚鼠特工队》

影片《豚鼠特工队》是迪士尼2009年出品的一家庭片。

电影讲述一个秘密政府组织训练一群智能动物去执行间谍行动，完成人类不能完成的任务。它们就是由五只豚鼠组成的"G特工组"。这次，它们接到一个新的任务，目标是阻止一位试图控制全世界的邪恶的亿万富翁。

6.《神犬也疯狂》（共14部）

这是一部适合全家一起观看的团队协作冒险故事。狗爸爸Air Bud为自己有五个可爱的小宝宝而自豪，他们分别是喜欢嬉哈的B-Dawg、可爱的RoseBud、稳健的Bud-Dha、爱玩泥巴的MudBud，还有大块头Budderball。影片又名《飞狗巴迪》《神犬巴迪》。

7.《天空之城》

《天空之城》是日本吉卜力工作室于1986年推出的一部动画电影。《天空之城》的原作、监督、脚本和角色设定都由宫崎骏来担任，使得该片充满了宫崎骏的理念。出现在《天空之城》中的空中城堡拉普达（Laputa）一般被认为是来自于英国作家乔纳森·斯威夫特的知名小说《格列佛游记》中的飞岛国。

故事由希达所坐的飞船遭到空中海盗的袭击而开始。一团混乱中被关在屋子里的希达试图逃跑，却不慎从万米高空的飞船上跌落下来……

8.《冰川时代》（又名《冰河世纪》）

《冰川时代》是一部2002年蓝天动画工作室制作的完全数字化的动画电影，由20世纪福克斯电影公司发行，是《冰川时代》系列中的第一部。

影片描述在冰河纪这个充满惊喜与危险的蛮荒时代，因为一名突如其来的人类弃婴，让三只性格迥异的动物不得不凑在一起。尖酸刻薄的长毛象，粗野无礼的巨型树懒，以及诡计多端的剑齿虎，这三只史前动物不但要充当小宝宝的保姆，还要历经冰河与冰山各种千惊万险护送他回家。

9.《天才眼镜狗》

《天才眼镜狗》是2014年美国发行的一部3D电脑动画科幻电影。影片中角色取自20世纪60年代的美国动画剧集"The Rocky and Bullwinkle Show"，并以全新故事加以动画特效制成电影。

故事讲述世界上"最聪明狗狗"皮博迪先生收养了一个人类小男孩谢尔曼，由此而展开了一段奇妙旅程。为了让他的养子能更好地见证世界的奇妙，他发明了一台时光穿梭机。皮博迪与谢尔曼一起穿越时空，四处冒险，并闹出各种笑话。

10.《里约大冒险》(1、2)

《里约大冒险》是一部2011年发行的美国3D动画片。故事讲述一只生活在美国明尼苏达州小镇上的蓝色金刚鹦鹉，是世界上仅存的雄金刚鹦鹉。有一天，鸟类研究博士图里奥来到了这里，告知鹦鹉的主人琳达，要是再不进行人工繁殖，蓝色金刚鹦鹉就会灭绝，而他们研究所就有一只雌性蓝色金刚鹦鹉。于是，为了拯救蓝色金刚鹦鹉，他们从美国出发飞往巴西里约热内卢，一段充满异域风情的冒险之旅就这么开始了。

《里约大冒险2》是电影《里约大冒险》的续集。

影片故事讲述布鲁、珠儿与三个孩子过着受人豢养的安逸生活。珠儿坚持认为孩子们应该学习过野外鸟儿真正的生活，坚持让全家迁入险象环生的亚马孙流域。布鲁努力适应新邻居，但也担心珠儿和孩子们会抛下不适应野外生活的他，回到大自然的怀抱。

11.《疯狂原始人》

《疯狂原始人》是一部2013年发行的美国3D电脑动画电影。

影片时间设定在史前时代,讲述了一个居住在山洞中的原始人家庭离开山洞的冒险旅行经历。影片在上映后得到了观众的好评,共取得了5.8亿美元的票房收入。

12.《乔尼大冒险》

《乔尼大冒险》,美国华纳兄弟公司出品,最早拍摄于1964年,当时叫《Jonny Quest》,之后在1996年重新制作,并更名为《The Real Adventure of Jonny Quest》,译名有《乔尼历险记》《奎斯特历险记》《乔尼大冒险》。

动画的主角是金发的乔尼、红发的杰西、印度肤色的哈德奇。乔尼的父亲是奎斯特博士,研究出了一个虚拟世界——奎斯特世界,戴上眼罩就能进去。在"奎斯特世界"里翻江倒海的头号反派,是杰瑞尼·苏尔博士。

13.《怪物史莱克》(1、2、3、4)

《怪物史莱克》于2001年上映,为美国知名导演安德鲁·亚当森、艾伦·华纳执导的动画作品。作品改编自知名童书作家威廉·史泰格的同名绘本。

本片超过《狮子王》,成为有史以来卖座最高的动画片。此纪录直到2003年才被《海底总动员》打破。此后,相继拍摄了三部续集。

14.《丁丁历险记:独角兽的秘密》

《丁丁历险记:独角兽的秘密》是一部2011年的3D动画片。影片由史蒂文·斯皮尔伯格和彼得·杰克逊联手打造,采用"表演捕捉+CG动画"的方式制作。

影片讲述丁丁买了一只古老的船模，送给船长作为礼物，一次惊险的历险就此开始了。从一本古老的日记本上，丁丁知道了这艘古老船模的历史。独角兽号隐藏着一个海盗和财宝的故事。在他的朋友杜邦侦探的帮助下，丁丁、白雪和船长开始去揭开独角兽号的秘密。尽管困难重重，丁丁还是成功了，并出发去寻找红色拉克姆的财宝。

15.《亚瑟和他的迷你王国》

本片由吕克·贝松根据自己的畅销系列儿童小说《亚瑟和他的迷你王国》改编，堪称法国版的《哈利·波特》。小主人公的演员挑选曾是吕克·贝松遇到的一大难题，既要有孩童的天真，同时又必须具备高度的职业水准。

吕克·贝松将自己生命中的两大运气，归功于当年找到了11岁的纳塔丽·波特曼拍摄《这个杀手不太冷》，以及现在遇到年龄相似的福雷蒂·海默拍摄《亚瑟和他的迷你王国》。

16.《冰雪奇缘》

《冰雪奇缘》，2013年迪士尼发行的3D动画电影，是迪士尼成立90周年纪念作品，改编自安徒生童话《白雪皇后》。

影片讲述一个严冬咒语令王国被冰天雪地永久覆盖，安娜和山民克里斯托夫以及他的驯鹿搭档组队出发，为寻找姐姐、拯救王国展开一段冒险。该片包揽了2013年度金球奖、安妮奖和奥斯卡最佳动画长片奖。

17.《蒸汽男孩》

《蒸汽男孩》是由日本动画大师大友克洋指导的动画电影。

故事发生在19世纪工业革命时期的英国伦敦，在第一届世界博览会举办前夕。一个名叫"雷"的天才科学少年无意中得到了一种叫"蒸汽球"的神秘发明，一个邪恶组织妄图夺回"蒸汽球"控制世界。在此过程中，"雷"结识了女主人公"斯嘉丽"公主……

18.《极速蜗牛》

《极速蜗牛》是一部2013年上映的电脑动画电影。

影片讲述了菜园蜗牛特博抱有一个几乎不可能实现的梦想：成为世界上跑得最快的蜗牛。一次偶然的不寻常事件让特博拥有了非凡的速度，他打算让自己的梦想成真。

19.《哈尔的移动城堡》

宫崎骏继动画电影《千与千寻》之后，在2004年冬推出作品《哈尔的移动城堡》。影片改编自英国的儿童小说家黛安娜·W.琼斯的《魔法师哈威尔与火之恶魔》。这是继1990年《魔女宅急便》后，宫崎骏又一部带有浓厚原著色彩的作品。

这部剧场版动画以战争前夜为背景，描述了住在小镇的三姐妹。大姐苏菲是位制作帽子的专家，但她却因此得罪了女巫，从18岁的美少女变成了90岁的老太婆。她惊恐地逃出家里，但又进入了一座移动的城堡。她和懂魔法但不能与人相恋的哈尔相识，并且和城堡里的其他人一起想办法解开了身上的魔咒。

20.《玩具总动员》系列

《玩具总动员》是皮克斯的动画系列电影，共制作了三部。电影主角是两个玩具：牛仔警长胡迪和太空骑警巴斯光年。《玩具总动员》是首部完全使用电脑动画技术的动画长篇，于1995年11月22日在北美公映。

安迪是六岁的小男孩，他有很多玩具。当他出门在外时，这些玩具就开始过他们自己的生活。一天，安迪拿回一个新玩具——太空骑警巴斯光年。太空骑警巴斯光年威胁到原来玩具头领牛仔胡迪的领导地位。胡迪与巴斯光年作对，结果是两人都阴差阳错地置身屋外的世界。面对外面的世界重重的风险，他们只有摒弃前嫌相依为命，彼此帮助找到回家的路。

参考书目

1．(美)里克·约翰逊.《妈妈如何帮助男孩成长为男人》〔M〕，北京：外文出版社，2011

2．(美)迈克尔·汤普森博士.《男孩成长的秘密：了解儿子从出生到18岁的成长过程》.北京：中信出版社，2011

3．(澳)史蒂夫·比达尔夫.《养育男孩》第3版.北京：中信出版社，2014

4．(美)凯文·莱曼.《好儿子全靠妈妈教》.天津：天津社会科学院出版社，2013

5．(美)迈克尔·罗斯.《儿子不会告诉父母的事》.北京：中国长安出版社，2012

6．(美)史蒂芬·詹姆斯，(美)大卫·托马斯.《从"熊孩子"到男子汉——养育男孩的艺术》.北京：机械工业出版社，2014

7.（美）丹·金德伦，（美）麦克·汤姆森.《男孩不该走的路》.北京：金城出版社，2010

8.（英）麦克米伦.《男孩就得这样养》.广州：南方日报出版社，2013

9.（美）迈克尔·古里安.《男孩的脑子想什么》第2版.北京：世界图书出版公司，2011

10.（美）安东尼·饶，（美）米歇尔·西顿.《如何养育男孩》.杭州：浙江人民出版社，2014

11.（美）亚当·J.考科斯.《男孩，你为何沉默寡言》.上海：华东师范大学出版社，2008

12.（美）里克·约翰逊.《未来男子汉：从男孩到男人的12个关键特质》.北京：机械工业出版社，2014

13.（美）夏莉·富勒.《什么样的妈妈男孩最需要》.北京：机械工业出版社，2014

14.（英）伊丽莎白·哈特利-布鲁尔.《自尊男孩手册》.北京：高等教育出版社，2009

15.（美）比尔·齐伯曼.《了不起男孩应该知道的100件事》.北京：中国人口出版社，2009

16.（美）劳拉·马卡姆.《父母平和，孩子快乐》.上海：上海社会科学院出版社，2014